Nadine Fischer

Wie Hunde die Resilienz von Kindern und Jugendlichen fördern können

Die besondere Eignung des Hundes für die tiergestützte Pädagogik

Bibliografische Information der Deutschen Nationalbibliothek:

Die Deutsche Nationalbibliothek verzeichnet diese Publikation in der Deutschen Nationalbibliografie; detaillierte bibliografische Daten sind im Internet über http://dnb.d-nb.de abrufbar.

Impressum:

Copyright © Science Factory 2021

Ein Imprint der GRIN Publishing GmbH, München

Druck und Bindung: Books on Demand GmbH, Norderstedt, Germany

Covergestaltung: GRIN Publishing GmbH

Inhalt

1 Einleitung 1

2 Resilienz 3

    2.1 Definition des Begriffs 3

    2.2 Die Kauai-Längsschnittstudie 4

    2.3 Die Mannheimer Risikokinderstudie 6

    2.4 Resilienz in der Entwicklung von Kindern 8

    2.5 Lebensphasen und Entwicklungsaufgaben 12

    2.6 Interdisziplinärer Zugang zur Resilienz 16

    2.7 Zwischenfazit 20

3 Mensch-Hund-Beziehung 22

    3.1 Biophilie-Hypothese 22

    3.2 Du-Evidenz 23

    3.3 Domestizierung des Hundes 24

    3.4 Anthropomorphisierung des Hundes 25

    3.5 Bindungstheorie nach Bowlby 25

    3.6 Zwischenfazit 30

4 Tiergestützte Pädagogik 31

    4.1 Definition des Begriffs 31

    4.2 Besondere pädagogische Eignung des Hundes 32

    4.3 Wirkung des Hundes auf den Menschen 33

    4.4 Zwischenfazit 35

5 Kinder- und Jugendhilfe 36

    5.1 Historische Entwicklung 36

    5.2 Leitbild und Handlungsprinzipien 38

    5.3 Gesetzliche Grundlagen 39

    5.4 Hilfe zur Erziehung 45

    5.5 Zwischenfazit 46

6 Grenzen der tiergestützten Pädagogik in der Sozialen Arbeit 48

7 Fazit 50

Literaturverzeichnis 53

1 Einleitung

„It is easier to build strong children than to repair broken men" (children's trust o. J., online). Genau an diesem Punkt soll das Thema meiner Bachelorarbeit ansetzen. Es soll dafür gesorgt werden, dass in unserer Gesellschaft „starke" Kinder heranwachsen können. Es gibt viele Minderjährige in Deutschland, die keinen einfachen Start ins Leben haben. Die Gründe dafür sind sehr unterschiedlich.

In meiner Bachelorarbeit möchte ich auf die Kinder- und Jugendhilfe eingehen. Der Fokus soll auf Kinder und Jugendliche gelegt werden, die aufgrund einer Inobhutnahme oder einer Heimunterbringung mit einer negativen Bindungserfahrung konfrontiert sind und die sich aufgrund dessen schwer tun, ihr Leben aus eigener Kraft heraus zu meistern. In meinem Praxissemester habe ich in der Kinder- und Jugendhilfe, in Form der Sozialpädagogischen Familienhilfe, gearbeitet. Hier eröffneten sich mir unter anderem viele Einblicke in die Arbeit des Jugendamtes. Ich erkannte, wie viele Kinder unter den widrigen Einflüssen ihrer aktuellen Lebenssituation leiden und aufgrund dessen vom Jugendamt in Obhut genommen werden. Auf der einen Seite wurde mir bewusst, wie einschneidend die Trennung von der Familie für ein Kind sein kann. Auf der anderen Seite habe ich aber auch erfahren dürfen, wie wirksam die Arbeit mit meinem Hund ist, da ich ihn im Praxissemester bei meiner Arbeit dabei haben durfte.

Ich selber bin seit meinem 13. Lebensjahr Hundebesitzerin und habe selbst in meinen schwierigen Lebenssituationen erfahren dürfen, welchen positiven Einfluss die Anwesenheit meines Hundes auf mich hat. Des Weiteren ist mein Hund bei meiner Nebentätigkeit in der Behindertenhilfe an meiner Seite. Auch hier kann ich immer wieder die positiven Reaktionen seitens meiner Klienten auf die Anwesenheit meines Hundes feststellen. Aus dieser Konstellation ist die Idee für das Thema meiner Bachelorarbeit entstanden. Ich möchte mit diesem Thema eine Verbindung zwischen der Kinder- und Jugendhilfe, der pädagogischen Arbeit mit dem Hund und den daraus resultierenden positiven Effekten herstellen. Die grundlegende Fragestellung meiner Bachelorarbeit soll daher lauten: Inwieweit kann die tiergestützte Pädagogik einem Kind helfen, Resilienz zu entwickeln, wenn es von einer negativen Bindungserfahrung betroffen ist. Meine Bachelorarbeit soll ihren Beitrag dazu leisten, dass der Einsatz von Hunden in der Kinder- und Jugendhilfe sowie generell in der Sozialen Arbeit einen höheren Stellenwert gewinnt. Die Gesellschaft soll sich meines Erachtens weiter für die tiergestützte Pädagogik öffnen, so dass „die Kleinsten" unserer Gesellschaft mit Hilfe der pädagogischen Arbeit eines Hundes ihre anfänglichen Startschwierigkeiten im Leben überwinden können und als „starke" Kinder hervorgehen. Meines Erachtens bietet die tiergestützte Pädagogik in der Kinder- und Jugendhilfe ein großes Potenzial.

Neben der Einleitung und dem Fazit lässt sich die vorliegende Bachelorarbeit in fünf weitere Kapitel unterteilen.

Im zweiten Kapitel wird auf den Begriff der Resilienz detaillierter eingegangen. Beginnend mit der Definition des Begriffs werden anschließend zwei Studien der Resilienzforschung erläutert. Des Weiteren soll dieses Kapitel Aufschluss über die kindliche Entwicklung der Resilienz geben. Abschließend wird ein interdisziplinärer Zugang als Unterstützung des Resilienzbegriffs herangezogen.

Das dritte Kapitel widmet sich der Beziehung zwischen Mensch und Hund. Es wird dargelegt, wie sich eine enge Beziehung zwischen Mensch und Hund entwickeln kann. Auch soll die Bindungstheorie nach Bowlby in diesem Kapitel eine unterstützende Rolle spielen. Es werden Aspekte aufgezeigt, wie eine negative Bindungserfahrung bei Minderjährigen entsteht und mit welchen Folgen diese verbunden ist.

Das Konzept der tiergestützten Pädagogik ist Inhalt des vierten Kapitels. Zu Beginn wird der Begriff der tiergestützten Pädagogik definiert. Des Weiteren wird auf die besonderen Eigenschaften des Hundes eingegangen. Es wird aufgezeigt, warum der Hund für den pädagogischen Einsatz in der Sozialen Arbeit geeignet ist.

Das fünfte Kapitel beschäftigt sich mit der Kinder- und Jugendhilfe. Die wichtigsten gesetzlichen Grundlagen werden dargelegt. Weiterhin wird ein Bezug auf die Hilfe zur Erziehung genommen.

Die Grenzen, die mit der tiergestützten Pädagogik einhergehen, werden im sechsten Kapitel erläutert.

Im Fazit werden die herausgearbeiteten Ergebnisse der vorangegangenen Kapitel in einen Zusammenhang gesetzt und die anfangs gestellte Fragestellung wird beantwortet. Abschließend wird ein Ausblick gegeben, wie diese Ergebnisse in einem erweiterten Rahmen für die Soziale Arbeit genutzt werden können.

Grundlegend soll meine Bachelorarbeit auf der Literaturrecherche basieren, wobei ich auch englische Literatur mit einfließen lasse. Im Sinne der komfortableren Lesbarkeit wird im weiteren Verlauf der Bachelorarbeit das männliche Geschlecht stellvertretend für alle Geschlechter benutzt.

2 Resilienz

Nach dem heutigen Forschungsstand wird die Resilienz als ein flexibles, kontextabhängiges Konstrukt verstanden. In diesem Sinne wird die Fähigkeit zur Resilienz als ein multidimensionales und prozessorientiertes Phänomen definiert. Das wachsende Interesse an der Resilienzforschung ist weitestgehend auf einen Paradigmenwechsel in den Human- und Sozialwissenschaften zurückzuführen. Anfangs liegt der Fokus auf einem krankheitsorientierten, pathogenetischen Modell. Im Laufe der Zeit ändert sich diese Ansicht und es kommt einem ressourcenorientierten, salutogenetischen Modell mehr Bedeutung zu. Aus diesem Grund betrachtet sich die Resilienzforschung als Gegenbewegung zu der Entwicklungspsychopathologie. In der Resilienzforschung wird der Schwerpunkt auf die Schutzfaktoren und individuellen Ressourcen des Individuums gelegt. Die Resilienz wird im Licht der Mehrperspektivität betrachtet. Es wird untersucht, inwieweit psychosoziale, neurobiologische und/ oder soziale Faktoren Einfluss auf die Entwicklung der Resilienz nehmen können (vgl. Wustmann 2018, S. 30 - 33). Nachfolgend wird in diesem Kapitel zuerst der Begriff der Resilienz definiert. Im weiteren Verlauf werden exemplarisch zwei Studien und ihre Ergebnisse skizziert. Neben einem interdisziplinären Zugang zur Resilienz wird ein Fokus auf die kindliche Entwicklung der Resilienz sowie die Lebensphasen und Entwicklungsaufgaben gelegt.

2.1 Definition des Begriffs

In der Fachsprache ist es schwer, eine einheitliche Definition von Resilienz zu finden. Resilienz wird interdisziplinär verwendet. „This shift from risk to resilience, from pathology to health, and from definciency to asset can be seen throughout psychology and related disciplines" (Noam et. al. o.J., S. 207). Je nach Ausrichtung der Disziplin ändert sich die schwerpunktmäßige Definition von Resilienz. „Der Begriff ‚Resilienz' leitet sich vom englischen Wort ‚resilience' bzw. von dem lateinischen ‚resilire' (abprallen) ab und bezeichnet in den Naturwissenschaften die Fähigkeit, sich unter Druck zu biegen ohne zu brechen und anschließend die ursprüngliche Form wieder anzunehmen (Elastizität, Spannkraft)" (Schubert - Rakowski 2014, S. 31). Eine allgemeingehaltene Definition von Resilienz lautet: „the capacity of a system, enterprise, or a person to maintain its core purpose and integrity in the face of dramatically changed circumstances" (Zolli/ Healy 2012, S. 7). In den Humanwissenschaften hingegen wird Resilienz oft als ein Prozess betrachtet. „Resilienz ist kein Charaktermerkmal, sondern das Endprodukt von

Pufferungsprozessen, welche Risiken und belastende Ereignisse zwar nicht ausschließen, es aber dem Einzelnen ermöglichen, mit ihnen erfolgreich umzugehen" (Werner 2011, S. 33). So verschieden die einzelnen Disziplinen sind, in denen der Begriff der Resilienz verwendet wird, so gehen sie dennoch alle denselben Fragen nach: „What causes one system to break and another to change? How much change can a system absorb and still retain its integrity and purpose? What characteristics make a system adaptive to change?" (Zolli/ Healy 2012, S. 5). Grundlegend zu diesen Fragen werden die Annahmen herangezogen, dass jedes System (in diesem Falle der Mensch) genügend Reserven hat, auf die es zurückgreifen kann, genügend Alternativen besitzt, um ein Problem zu lösen und sich Schutzmechanismen aufbaut, die bei Gefahr nicht das ganze System zusammenbrechen lassen (vgl. Zolli/ Healy 2012, S. 5 - 7). Aus entwicklungspsychologischer Sicht wird Resilienz als „die Fähigkeit von Menschen verstanden, Krisen im Lebenszyklus unter Rückgriff auf persönliche und sozial vermittelte Ressourcen zu meistern und als Anlass für Entwicklung zu nutzen" (Welter - Enderlin/ Hildenbrand 2016, S. 13). Diese Definition soll als Grundlage der vorliegenden Bachelorarbeit dienen, wenn im weiteren Verlauf von Resilienz gesprochen wird. Zusammenfassend kann festgehalten werden, dass alle zuvor genannten Annahmen auf zwei wesentliche Merkmale zurückzuführen sind: „continuity and recovery in the face of change" (Zolli/ Healy 2012, S. 6).

2.2 Die Kauai-Längsschnittstudie

Die Psychologin Emmy Werner beginnt ihre professionelle Arbeit zur Resilienzforschung mit der Dokumentation von Risikofaktoren, die Kinder verwundbar machen. Sie untersucht diese Einflüsse über kurze wie auch längere Zeiträume. Durch ihre Arbeit auf diversen Kontinenten mit den unterschiedlichsten Ethnien kann sich Werner davon überzeugen, dass es auch Kinder gibt, die sich unter widrigen Lebensumständen normal entwickeln und keine Defizite in ihrer Persönlichkeitsentwicklung aufweisen. Daher fordert sie die Bereitschaft der Resilienzforschung, die Lebenswege der Kinder von der Geburt an bis ins Erwachsenenalter zu begleiten, um herausfinden zu können, warum sich manche Kinder ohne Defizite entwickeln und warum andere Kinder unter ihren widrigen Lebensumständen „untergehen". „Resilient children posses certain qualities and/ or ways of viewing themselves and the world that are not apparent in youngsters who have not been successful in meeting challenges" (Brooks 2005, S. 445). Vor diesem Hintergrund veröffentlicht Werner im Jahr 1977 ihre Pionierstudie, die

Kauai Längsschnittstudie (vgl. Werner 2011, S. 32 - 33). Aus Sicht der Forscher ist die Insel Kauai und die Kohorte, die untersucht wird, prädestiniert für eine Längsschnittstudie. „One wonders if any other generation among Kauai`s children had been exposed to so many and such rapid changes" (Werner/ Smith 1977, S. 19). Durch ihre natürlichen Gegebenheiten und ökonomischen Ressourcen, aber auch durch die vielen Ereignisse, die die Kinder im Laufe ihres Lebens ertragen müssen, bietet Kauai viel Potenzial für die Studie.

Die Menschen auf Kauai betreiben einen florierenden Zucker- und Ananashandel, bis dieser im Jahre 1973 einem großen Tourismusboom weichen muss. Die Probanden erfahren zu diesem Zeitpunkt, wie sich durch den Wegfall der landwirtschaftlichen Einnahmen eine chronische Armut auf der Insel verbreitet. Mit dem Tourismus und der Armut, beginnen viele der jungen Probanden Drogen zu nehmen. Vor diesem großen Wandel erlebten die Probanden in ihrer Kindheit, wie Hawaii zum 50. Bundesstaat der USA wird, und darüber hinaus die Ermordungen von John F. und Robert Kennedy sowie die von Martin Luther King. Dazu kommt, dass im Jahr 1982 die Insel von dem Hurrikan „Iwa" verwüstet wird. Zehn Jahre später wird die Insel von dem Hurrikan „Inki" noch schwerer verwüstet als zuvor. Zum Zeitpunkt des Endes der Studie, als die Probanden 40 Jahre alt sind, muss die letzte übriggebliebene Zuckerplantage endgültig schließen. Neben den vielen negativen Ereignissen, die sich für die Probanden während der Studie ereignen, sind aber auch positive Entwicklungen für die damaligen Kinder zu verzeichnen. Das Schulsystem wird stark verbessert und das erste College wird im Jahr 1968 auf Kauai eröffnet. Als die Probanden ein Viertel Jahrhundert alt sind, wird das Abtreibungsverbot beendet. Weiterhin wird kurz danach das Schuldprinzip bei Scheidungen aufgehoben. Für die Probanden ergeben sich durch diese Änderungen völlig neue Entwicklungsmöglichkeiten, die sich von der Generation ihrer Eltern deutlich unterscheiden (vgl. Werner/ Smith 1977, S. 15 - 19).

Zusammen mit ihrer Kollegin Ruth Smith führt Emmy Werner ihre Studie über 40 Jahre hinweg durch. Untersucht werden 698 Probanden aus der Kohorte von 1955 auf der hawaiianischen Insel Kauai. Kernstück dieser Studie ist der Vergleich von resilienten mit nicht resilienten Lebensläufen der Probanden. Mit der Geburt sowie im Alter von ein, zwei, zehn, achtzehn, zweiunddreißig und vierzig Jahren werden die Probanden stichprobenartig untersucht. Werner und Smith kommen zu dem Ergebnis, dass 30% der untersuchten Probanden ein hohes persönliches Entwicklungsrisiko mit vier oder mehr Risikofaktoren aufweisen. Festzustellende Risikofaktoren sind unter anderem: chronische Armut oder psychische

Erkrankungen der Eltern. Bereits im Schulalter entwickeln 129 dieser Kinder akute Lernprobleme und/ oder schwere Verhaltensauffälligkeiten. Bei den restlichen Kindern dieser Risikogruppe sind keine Anzeichen von Entwicklungsdefiziten zu bemerken. Im Alter von 40 Jahren sind aus ihnen optimistische, leistungsfähige und selbstbewusste Erwachsene geworden. Diese Probanden weisen auf diversen Ebenen schützende Faktoren auf. Sie haben vertraute Bindungspersonen, ein stabiles soziales Umfeld und ausgeprägte Bewältigungsmechanismen. Keiner dieser Probanden wird im Laufe der Studie straffällig oder ist auf die Hilfe von Sozialdiensten angewiesen. Das Forscherteam nimmt diese Entwicklung zum Anlass, die schützenden Faktoren zu kategorisieren, sie nach Geschlechtermerkmalen zu unterscheiden und sie auf verschiedene Entwicklungsabschnitte hin zu untersuchen. Bestätigungen dieser Annahmen erhalten Werner und ihr Team durch ergänzende Studien, die weltweit durchgeführt werden. Es wird validiert, dass die auf Kauai dokumentierten Schutzfaktoren über geographische und ethnische Grenzen hinweg zu finden sind und dass diese einen gewichtigeren Einfluss auf die kindliche Persönlichkeitsentwicklung haben als spezifische Risikofaktoren oder stresserzeugende Lebensumstände. Weiterhin kommen die Forscher um Werner zu der Erkenntnis, dass Resilienz nicht direkt messbar ist. Sie benötigt die Berücksichtigung zweier Komponenten: Die Risiken und derer positiver Bewältigung (vgl. Rönnau - Böse/ Fröhlich - Gildhoff 2015, S. 9 - 11).

2.3 Die Mannheimer Risikokinderstudie

In der deutschen Resilienzforschung kommt der Mannheimer Risikokinderstudie eine wichtige Bedeutung zu. Für den deutschsprachigen Raum hat diese Studie eine äquivalente Bedeutsamkeit wie die Kauai Längsschnittstudie für den englischsprachigen Raum. Die Mannheimer Risikokinderstudie basiert auf der Kurpfalzerhebung, die 1977 von dem „Zentralinstitut für seelische Gesundheit" in Mannheim durchgeführt wird. Ziel der ursprünglichen Kurpfalzerhebung ist es, Daten über die „psychische Entwicklung und ihrer Störungen bei Kindern mit unterschiedlich ausgeprägten Risikokonstellationen, die Identifikation der die Entwicklung besonders negativ beeinflussenden Einzelrisiken sowie die Identifikation von Schutz- und kompensatorischen Faktoren im Sinne von individuellen und Umweltressourcen" (Esser et. al. 2000, online) zu erheben. Während der Mannheimer Risikokinderstudie wird diese Zielsetzung „um biologische und neurowissenschaftliche Ansätze ergänzt, die sowohl molekulargenetische als auch bildgebende Verfahren umfassten" (Esser et. al.

2000, online). Weiterhin wollen die Forscher anhand der Ergebnisse Konzepte entwickeln, die präventiv für Entwicklungs- und Verhaltensstörungen bei Kindern wirken können. In bisher vorhandenen Risikoforschungen wird keine Unterscheidung der Risikofaktoren vorgenommen. An dieser Stelle nimmt die Mannheimer Risikokinderstudie eine Pionierstellung ein. Aufgrund der bisher mangelnden Ergebnisse unterteilen die Forscher die Risikofaktoren in biologische und psychosoziale Belastungen. Die ersten Daten erheben die Forscher bei der Geburt der Kinder. Danach folgen zehn weitere Erhebungszeitpunkte „(drei Monate, zwei Jahre, viereinhalb Jahre, acht Jahre, 11 Jahre, 15 Jahre, 19 Jahre, 22 Jahre, 23 Jahre, 24-25 Jahre)" (Esser et. al. 2000, online). Aufgrund dieser intensiven Erhebungsintervalle kann die Mannheimer Risikokinderstudie ihren „Dropout" bei unter einem Prozent pro Jahr halten. Probanden der Mannheimer Risikokinderstudie sind eine Stichprobe von N = 384 Kinder. Die Kohorte wird zwischen Dezember 1986 und Februar 1988 geboren. Säuglinge, bei denen biologische Risikofaktoren - wie prä- und perinatale sowie neonatale Komplikationen - auftreten, werden in die Stichprobe inkludiert. Darüber hinaus müssen weitere Kriterien erfüllt sein: „erstgeborenes Kind, aufgewachsen bei mindestens einem leiblichen Elternteil, deutschsprachige Familie (wegen der stark sprachlastigen Untersuchungsbatterie), keine schweren angeborenen Erkrankungen, Sinnesbehinderungen oder Missbildungen, keine Mehrlingsgeburt" (Esser et. al. 2000, online). Zu den psychosozialen Risikofaktoren der Säuglinge werden die Eltern anhand eines Interviews befragt. Von vorrangigem Interesse der Forscher sind die familiären Lebensbedingungen. Es werden Daten zu dem Bildungsstand der Eltern, ihrer wohnlichen Situation, vorhandenen psychischen Erkrankungen sowie den sozialen Kontakten der Eltern erfasst. Mit der Erhebungswelle ab dem 15. Lebensjahr der Probanden beginnen die Forscher ihre Datengewinnung mit Hilfe der Molekulargenetik zu erweitern. Mit Einwilligung wird den Probanden Blut entnommen. Die Forscher versprechen sich mit Hilfe dieser Untersuchung, einen Zusammenhang zwischen der genetischen Vulnerabilität und den psychosozialen Risiken herstellen zu können. Ab dem 25. Lebensjahr der Probanden erweitern die Forscher ihre Datengewinnung mit Hilfe der bildgebenden Verfahren, wie MRT oder EEG. Probanden, die ein aggressives und dissoziales Verhalten zeigen sowie an Aufmerksamkeitsstörungen leiden, zeigen im MRT und EEG eine Veränderung der Hirnareale, die für die emotionale Verarbeitung zuständig sind (vgl. Esser et. al. 2000, online).

Die Ergebnisse der Mannheimer Risikokinderstudie postulieren, dass es einen Zusammenhang zwischen frühkindlichen Risikofaktoren und späteren Entwicklungsstörungen gibt. Signifikant zu beobachten ist, dass sich die negativen Folgen der organisch belasteten Kinder im Grundschulalter sehr stark manifestieren und dass eine Vielzahl der Kinder nicht in der Lage ist, in einer Regelschule beschult zu werden. Die Ergebnisse zeigen weiterhin auf, dass bei allen Erhebungszeitpunkten das kognitive Leistungsniveau der belasteten Kinder deutlich unter dem ihrem Alter entsprechenden Durchschnitt liegt. Generell halten die Forscher fest, dass sich alle Entwicklungsrückstände, egal ob biologisch oder psychosozial, bereits im Säuglingsalter der Kinder zeigen und sich im Alter von acht Jahren am meisten manifestieren. Kinder, die unter multiplen Risikobelastungen leiden, bekommen für ihre soziale - emotionale Entwicklung die ungünstigste Prognose. Anknüpfend an bereits vorliegende Studien unterstreichen die Ergebnisse der Mannheimer Risikokinderstudie, dass eine langfristige Korrelation zwischen frühkindlichen Belastungen und dem Auftreten von Entwicklungsstörungen vorhanden ist. Je mehr Komplikationen die Kinder bei der Geburt ausgesetzt sind und je mehr diese mit sozialen widrigen Lebensumständen kumulieren, desto größer wird die Wahrscheinlichkeit, dass bei diesem Kind eine Entwicklungsstörung auftritt. An dieser Stelle wird die Mannheimer Risikokinderstudie seitens der Resilienzforschung kritisiert. Die Forscher sind der Ansicht, dass es eine Vielzahl weiterer Faktoren benötigt, die eine Manifestation von Entwicklungsstörungen begünstigen bzw. verhindern können. An der Mannheimer Risikokinderstudie wird bemängelt, dass die resilienten Faktoren, die ein Kind von Natur aus mit sich bringt, keine Beachtung finden. Im Sinne der Resilienzforschung kann ein Risikokind bis zu einem bestimmten Maß Einfluss auf seine Umwelt nehmen und dadurch seine soziale - emotionale Entwicklung selber beeinflussen (vgl. Esser et. al. 2000, online).

2.4 Resilienz in der Entwicklung von Kindern

„Resilience may be understood as the capacity of child to deal effectively with stress and pressure, to cope with everyday challenges, to rebound from disappointments, mistakes, trauma, and adversity, to develop clear and realistic goals, to solve problems, to interact comfortably with others, and to treat oneself and others with respect and dignity" (Brooks 2005, S. 443). Aktuelle Resilienzforschungen mit Schwerpunkt in der Entwicklung der Resilienz im Kindesalter werden weltweit durchgeführt. Obwohl sich in den diversen Forschungssettings viele kulturelle

Unterschiede erkennen lassen, beschäftigen sich dennoch alle Forschungen mit der gleichen Fragestellung: „Wie sich Kinder trotz widrigster Lebensumstände so integrieren, dass es ihnen gelingt, ihren Aufgaben und Zielen gut nachzukommen" (Schubert - Rakowski 2014, S. 32). Auch Wustmann weist darauf hin, dass für die kindliche Entwicklung von Resilienz zwei Faktoren entscheidend sind. Die Entwicklung eines Kindes muss durch eine signifikante Bedrohung gefährdet sein und diese belastenden Lebensumstände müssen erfolgreich gemeistert werden. Wenn ein Kind von sich aus „ein hohes Maß an Selbstvertrauen, Sozialkompetenz und Lernbereitschaft [zeigt], kann [dies] nicht per se als Ausdruck von Resilienz gewertet werden" (Wustmann 2018, S. 18). Demnach muss ein Kind eine besondere Bewältigungsleistung gegenüber widrigen Lebensereignissen erbringen, um als resilient zu gelten (vgl. Wustmann 2018, S. 18 - 20). Kinder, die Resilienz entwickelt haben, sind in der Lage, ihre „Entwicklungsrisiken weitestgehend zu vermindern oder zu kompensieren, negative Einflüsse auszugleichen und sich gleichzeitig gesundheitsfördernde Kompetenzen anzueignen" (Wustmann 2018, S. 20). Wustmann ist ebenfalls der Meinung, dass sich der Begriff der Resilienz nicht allein auf die Abwesenheit psychischer Störungen bezieht, sondern dass Resilienz das Erlernen von „altersangemessenen Fähigkeiten und Kompetenzen ist [und] die erfolgreiche Bewältigung von alterspezifischen Entwicklungsaufgaben [mit einschließt]" (Wustmann 2018, S. 20).

2.4.1 Schutzfaktoren

Die risikoreduzierenden Faktoren stehen als Gegenpol zu den risikoerhöhenden Faktoren. Wichtig für die Definition eines Schutzfaktors ist das Vorhandensein einer risikoreichen Störung. Entfällt diese, ist nicht von einem Schutzfaktor im eigentlichen Sinne zu sprechen. Ein Schutzfaktor muss dazu beitragen, einen vorhandenen Risikofaktor zu neutralisieren oder diesen zumindest zu mildern. In der Bewältigung von Risikosituationen nehmen die Schutzfaktoren eine bedeutende Rolle ein. Sie dienen dazu, „die Anpassung eines Individuums an seine Umwelt [zu fördern] bzw. erschweren die Manifestation einer Störung" (Wustmann 2018, S. 46). Weiterhin wirken die Schutzfaktoren auf drei wesentlichen Ebenen: der des Kindes, der Familie und der sozialen Umwelt. Hierbei gilt es zu beachten, dass keine dieser Ebenen isoliert betrachtet werden kann, sondern dass es sich um eine ständige Interaktion dieser drei Ebenen handelt. Vor diesem Hintergrund findet die Forschung eine Erklärung dafür, dass manche Kinder eine Vielzahl an persönlichen Ressourcen entwickeln, wohingegen andere Kinder nicht über diese Kompetenzen verfügen (vgl. Wustmann 2018, S. 44 - 48). Auch Werner kommt während der Kauai Längsschnittstudie zu dem Ergebnis, dass Schutzfaktoren bei einigen Kindern vorhanden sind. Sie unterteilt diese Schutzfaktoren in drei verschiedene Gruppen: „three clusters of protective factors differentiated this ‚resilient' group who had successfully overcome the odds from the other ‚high risk' youths who developed serious and persistent coping problems in childhood and/ or adolescence [...]" (Werner 2001, S. 185).

Der erste Cluster beinhaltet Merkmale, die selber im Kind immanent sind. Kinder mit diesen entsprechenden Merkmalen werden kurz nach der Geburt und bis zu ihrem zweiten Lebensjahr von ihren Eltern wie auch von fremden Personen als „aktiv, liebevoll, schmusig, gutmütig und umgänglich [sowie] liebenswürdig, fröhlich, freundlich, mitteilsam und gesellig" (Werner 2011, S. 37) beschrieben. Im Gegensatz zu den Probanden, die später Probleme entwickeln, haben die als resilient bezeichneten Kinder von Anfang an mehr motorische Fähigkeiten, eine bessere Sprachentwicklung und sie sind in der Lage, sich selber zu helfen. Im Alter von zehn Jahren zeigen die Probanden wesentlich bessere schulische Leistungen als ihre benachteiligten Gleichaltrigen. Weiterhin stellen die Forscher um Werner fest, dass die Kinder mit Anpassungsproblemen keine konkrete Vorstellung von ihrer beruflichen Zukunft haben und zusätzlich ein mangelndes Selbstvertrauen aufweisen. Die resilienten Kinder hingegen glauben an ihre eigenen Fähigkeiten und sind davon überzeugt, dass sie ihre Probleme aus eigener Kraft lösen können.

Die zweite Gruppe der schützenden Faktoren bezieht sich auf die Familien der Kinder. In Familien, die resiliente Kinder hervorbringen, gibt es von Anfang an eine enge Bindungs- und Vertrauensperson, auf die sich die Kinder jederzeit verlassen können. Dies gibt den Kindern die Möglichkeit, von Geburt an eine positive Bindungserfahrung zu machen. Jungen, die sich selber gegen ihre widrigen Lebensumstände behaupten können, haben in ihrer Kindheit einen Mann als Identifikationsperson in ihrer Nähe. Diese Jungen sind es gewohnt, dass sie von Strukturen und Regeln umgeben sind, die ihnen die nötige emotionale Stabilität vermitteln. Bei den resilienten Mädchen sind in ähnlicher Weise verlässliche, weibliche Vertrauenspersonen vorhanden. In Familien mit emotional starken Mädchen wird viel Wert auf die Unabhängigkeit des weiblichen Nachwuchses gelegt.

Der dritte Cluster der protektiven Faktoren beinhaltet das soziale Umfeld der resilienten Kinder. Werner und ihr Team berichten, dass für die resilienten Kinder eine Peergroup von großer Bedeutung ist. Die Kinder, die sich gegen ihre negativen Einflüsse behaupten, holen sich nicht nur bei ihren Eltern, sondern auch bei ihrem

Gemeinwesen emotionale Unterstützung. Viele der resilienten Probanden finden in ihrem sozialen Umfeld weitere positive Rollenmodelle, auf die sie sich verlassen können und die ihnen Halt und Unterstützung geben (vgl. Werner 2011, S. 36-38).

2.4.2 Risiko- und Vulnerabilitätsfaktoren

Ein Merkmal, „das bei einer Gruppe von Individuen, auf die dieses Merkmal zutrifft, die Wahrscheinlichkeit des Auftretens einer Störung im Vergleich zu einer unbelasteten Kontrollgruppe erhöht", wird als ein Risikofaktor definiert (Laucht 1999, S. 303). Der Teil der Resilienzforschung, der sich mit den risikoerhöhenden Faktoren beschäftigt, legt den Fokus auf die Lebensbedingungen, die die kindliche Persönlichkeitsentwicklung beeinträchtigen. Die heutige Forschung separiert diese Faktoren in zwei wesentliche Gruppen der Entwicklungsgefährdung. Auf der einen Seite die Vulnerabilitätsfaktoren. Denen gegenüber stehen die Risikofaktoren. Als Vulnerabilitätsfaktoren gelten Bedingungen, die biologische oder psychologische Merkmale des Kindes aufweisen. Weiterhin lassen sich die Vulnerabilitätsfaktoren in primäre und sekundäre Elemente unterteilen. Alle Beeinträchtigungen, die von Geburt an bei einem Kind vorhanden sind, werden als primäre Vulnerabilitätsfaktoren definiert. Als sekundäre Vulnerabilitätsfaktoren oder auch Risikofaktoren werden alle Defizite bezeichnet, die ein Kind während der Auseinandersetzung mit seiner psychosozialen Umwelt ‚erwirbt'. Treten die Risikofaktoren nur zu einem bestimmten Zeitpunkt im Leben eines Kindes auf, bezeichnet man diese als diskrete Faktoren. Bestehen die Risikobedingungen über den gesamten Entwicklungsverlauf, so wird von kontinuierlichen Faktoren gesprochen. Die heutige Resilienzforschung geht davon aus, dass primäre Vulnerabilitätsfaktoren mit heranwachsendem Alter an Bedeutung verlieren wohingegen die sekundären Vulnerabilitätsfaktoren an Gewichtung zunehmen. Ein wesentlicher Bestandteil der Risikofaktoren ist, dass diese in den meisten Fällen nicht isoliert auftreten. Es handelt sich vielmehr um eine Kumulation und um ein sich gegenseitiges Verstärken der Risikofaktoren. Neben der Kumulation der risikoerhöhenden Bedingungen ist ebenfalls der Zeitpunkt des Auftretens von Bedeutung. Je früher im Leben eines Kindes die Risikofaktoren auftreten, desto höher ist die Wahrscheinlichkeit, dass die weitere Entwicklung des Kindes durch erneut auftretende Risikofaktoren beeinträchtigt ist. Nicht nur der zeitliche Aspekt des Auftretens der Risikofaktoren ist ausschlaggebend für eine Entwicklungsstörung des Kindes, sondern auch, wie lange ein Kind unter den schädigenden Einflüssen leben muss. Je länger ein Kind den negativen Faktoren ausgesetzt ist und je häufiger sich diese wiederholen, desto größer ist die Wahrscheinlichkeit, dass sich das Kind zu einer ‚Risikopersönlichkeit' entwickelt. Nicht zuletzt kommt der subjektiven Bedeutung, die ein Kind den ihm widerfahrenden Risikofaktoren beimisst, eine bedeutende Rolle zu (vgl. Wustmann 2018, S. 36 - 44).

2.5 Lebensphasen und Entwicklungsaufgaben

Wissenschaftlich betrachtet herrscht ein Konsens darüber, den menschlichen Lebenslauf in vier Phasen zu unterteilen: die Kindheit, die Jugend, das Erwachsenen- und das Seniorenalter. Jede dieser Phasen stellt für die biografische Gestaltung des Lebens ihre eigenen Anforderungen an das Individuum (vgl. Hurrelmann/ Bauer 2018, S. 106). Nachfolgend sollen nur die Lebensphasen Kindheit und Jugend genauer beleuchtet werden, da diese für die Kinder- und Jugendhilfe von primärer Bedeutung sind. Aufgrund der Tatsache, dass die Anforderungen der jeweiligen Lebensphasen eng mit den zu bewältigenden Entwicklungsaufgaben einhergehen, wird in diesem Kapitel ebenfalls auf das Konzept der Entwicklungsaufgaben zurückgegriffen.

2.5.1 Entwicklungsaufgaben

„Im Lebenslauf kommt es zu einer ständigen Konfrontation mit neuen Situationen, die jeweils mit angemessenen Formen des Handelns bewältigt werden müssen" (Hurrelman/ Bauer 2018, S. 106). Das Konzept der Entwicklungsaufgaben bietet hier ein nützliches Orientierungsmuster, um die sozialen Anforderungen und die individuellen Entwicklungsverläufe gegenüberzustellen. Eine Entwicklungsaufgabe charakterisiert sich durch das Erlangen von individuellen Handlungsfähigkeiten. Das Individuum soll in der entsprechenden Entwicklungsphase lernen, wie es mit seinem Körper, seiner Psyche und seiner Umwelt umzugehen hat. Aufgrund der menschlichen Evolution sind die biologischen und psychologischen Voraussetzungen bei den meisten Menschen identisch. Unterschiede sind in den kulturellen und sozialen Gegebenheiten vorhanden (vgl. Hurrelmann/ Bauer 2018, S. 106-107). Grundsätzlich bauen die diversen Entwicklungsaufgaben der einzelnen Lebensphasen aufeinander auf. Unterschiede bestehen nur in den Anforderungen, die in jeder Lebensphase an das Individuum gestellt werden. Diese Anforderungen bringen eine stetige Neuorganisation von persönlichen und sozialen Ressourcen mit sich. Hurrelmann unterteilt die Entwicklungsaufgaben der Lebensphasen in vier Gruppen.

Die erste Gruppe bildet das „Qualifizieren". Das Individuum soll lernen, ein aktives Mitglied der Gesellschaft zu werden. Es muss Kompetenzen und Fähigkeiten entwickeln, die es erlauben, den gesellschaftlichen Leistungs- und Sozialanforderungen gerecht zu werden. Mit Abschluss dieser Entwicklungsaufgabe erlangt das Individuum den schulischen sowie beruflichen Abschluss und ist in der Lage, sich selber seinen Lebensunterhalt zu verdienen.

Das „Binden" ist Inhalt der zweiten Entwicklungsaufgabe. Bei dieser Entwicklungsaufgabe geht es darum, dass sich das Individuum mit seinem eigenen Geschlecht identifizieren kann. Zu Beginn soll das Individuum lernen, sich von seinen Eltern emotional zu lösen, um später selber intime Beziehungen eingehen zu können. Wenn das Individuum fähig und bereit ist, eine eigene Familie zu gründen, so ist diese Entwicklungsaufgabe abgeschlossen.

Als dritte Gruppe führt Hurrelmann das „Konsumieren" an. Das Individuum lernt mit dieser Entwicklungsaufgabe den gesunden Umgang mit dem Konsum von Medien, Geld, Freizeit- und Wirtschaftsangeboten. Das Individuum soll dahin geführt werden, dass es seinen Konsum zu seinem eigenen Vorteil zu nutzen weiß und in der Lage ist, einen eigenen Haushalt führen zu können. Außerdem sollen die Konsumgüter dazu gebraucht werden, dass das Individuum seine eigene Leistungsfähigkeit aufrechterhält bzw. wiederherstellt.

Die letzte Gruppe der Entwicklungsaufgaben bildet das „Partizipieren". Ziel dieser Entwicklungsaufgabe ist es, dass das Individuum ein eigenes Werte- und Normensystem entwickelt. Die eigene Moral soll dem Individuum helfen, sich eine eigene Meinung zu gesellschaftlichen oder politischen Standpunkten bilden zu können. Ist das Individuum in der Lage, seine eigenen Bedürfnisse gegenüber der Öffentlichkeit zu verteidigen, ist diese Entwicklungsaufgabe als abgeschlossen zu betrachten (vgl. Hurrelmann/ Bauer 2018, S. 108 - 109).

Für Hurrelmann „[setzt] die Bewältigung der Entwicklungsaufgaben in jeder Lebensphase eine intensive ‚Arbeit an der eigenen Person' voraus" (Hurrelmann/ Bauer 2018, S. 109).

2.5.2 Lebensphase Kindheit

Die Lebensphase „Kindheit" (als ein geschützter Raum für das Kind) gibt es bis Mitte des 19. Jahrhunderts nicht. Es wird zu diesem Zeitpunkt nicht zwischen Kindheit, Jugend und Erwachsensein unterschieden. Kinder, die zu dieser Zeit aufwachsen, kennen keine Kindheit im heutigen Sinn. Sie leben und arbeiten meist schon in ihren frühen Lebensjahren wie ihre Eltern. Einen Schonraum für ihre kindlichen Bedürfnisse gibt es nicht. Auf ihre emotionale und kognitive Entwicklung wird keine Rücksicht genommen. Viele Kinder müssen große körperliche und psychische Belastungen, die nicht selten mit Missbrauch verbunden sind, ertragen. Erst mit dem Fortschritt der Industrialisierung kommt der Familie und damit auch der Kindheit mehr Bedeutung zu. Die Familie versteht sich jetzt als Sozialisationsinstanz. Durch die Etablierung von Kindergärten und Schulen wird die Persönlichkeitsentwicklung des Kindes ernst genommen. Das Kind soll auf ein Leben in der Gesellschaft vorbereitet werden. Gibt es anfangs keine ausgeprägte Kindheit, ist die heutige Kindheit zwar vorhanden, wird aber immer kürzer. In der heutigen Zeit werden Kinder immer früher geschlechtsreif und stehen so immer näher an dem Übergang zur Lebensphase der Jugend.

Die heutige Kindheit stellt, im Gegensatz zu früheren Zeiten, einen Schonraum für Kinder dar. Dieser Schonraum wird per Gesetz geschützt. Dennoch müssen sich Kinder schon in ihren frühen Lebensjahren mit einem enormen Leistungsdruck auseinandersetzen. Die Schulpflicht stellt an die Entwicklung ihrer kognitiven und intellektuellen Fähigkeiten besondere Herausforderungen. Ihnen wird früh klargemacht, dass sie heranwachsende Mitglieder einer Leistungsgesellschaft sind. Der Zeitraum, in dem Kinder einen „Freiraum für eine verspielte Kindheit mit ausreichend Zeit für Umwege in der persönlichen Entwicklung [...]" (Hurrelmann/ Bauer 2018, S. 130) haben sollen, ist damit sehr begrenzt. Die Eltern spielen eine große Rolle in der Persönlichkeitsentwicklung des Kindes. Kinder nehmen ihre Eltern, besonders die Mutter, als wichtigste Personen in ihrer Kindheit wahr. Trotzdem müssen Kinder sich in der heutigen schnelllebigen Zeit darauf einstellen, dass das traditionelle Familienmuster auseinanderbricht. Die flexiblen Optionen als eine Familie zu gelten bringen für das Kind eine hohe Anzahl von möglichen sozialen Bindungen mit sich. Oft wird in diesem Zusammenhang das Bedürfnis des Kindes nach Zugehörigkeit vernachlässigt. Die heutige Kindheit weist einen gravierenden Unterschied zu früheren Generationen auf: der digitale Konsum. Heranwachsende werden heute in allen Sozialisationsinstanzen mit den digitalen Medien konfrontiert und beherrschen ihren souveränen Umgang. Heutzutage sind die digitalen Medien eine Selbstverständlichkeit, die allerdings eine neue Herausforderung mit sich bringt. Das kindliche Gehirn muss eine Menge an Informationen verarbeiten. Nicht selten kann das zu einer Überforderung des Kindes führen. Hurrelmann sieht die Gefahr, dass „hierdurch die realistische Einordnung von Ereignissen und der Aufbau eines strukturierten Selbst- und Weltbildes erschwert werden [kann]" (Hurrelmann/ Bauer 2018, S. 130). Die Vielfalt ihrer Lebenswelt erleben Kinder auch durch die heutige interkulturelle Gesellschaft. Sie führen soziale Beziehung in Peergroups, die Mitglieder verschiedener Ethnien haben können. Auf diese Weise ist es fast unumgänglich, dass Kinder die Spannungen zwischen verschiedenen gesellschaftlichen Schichten mitbekommen (vgl. Hurrelmann/ Bauer 2018, S. 129 - 131).

2.5.3 Lebensphase Jugend

Nach Hurrelmann ist die Lebensphase Jugend „nicht allein durch die körperliche Entwicklung definiert, sondern zugleich durch kulturelle, wirtschaftliche, soziale und ökologische Faktoren beeinflusst" (Hurrelmann/ Quenzel 2013, S. 11). Anfang des 20. Jahrhundert ist die Lebensphase Jugend im Lebenslauf nicht vorzufinden. Ein Individuum ist von der Kindheit gleich in das Erwachsenenalter übergegangen. „Zwar hat es Jugend als Ausprägung der biologischen und psychologischen Entwicklung eines Menschen im Übergang vom Kind zum Erwachsenen auch seiner Zeit gegeben" (Hurrelmann/ Quenzel 2013, S. 19), dennoch findet diese Phase ihrerseits keine gesellschaftliche Anerkennung. Erst gegen Mitte des 20. Jahrhunderts beginnt sich die Lebensphase Jugend zu etablieren. Im Gegensatz zu der heutigen Jugend fällt die Phase der damaligen Jugend sehr kurz aus. Die Jugendphase beginnt mit der Geschlechtsreife und endet wenige Jahre später, mit dem Eintritt in das Berufsleben. Dass die Jugend sich auf mehrere Jahre ausdehnen kann, heute oft zwischen 10 bis 15 Jahren, ist der Einführung der Schulpflicht zu verdanken. Mit dem entstehenden gesellschaftlichen Wohlstand nach der Industrialisierung ist es nicht mehr nötig, die Arbeitspotenziale der Kinder auszunutzen. Den Heranwachsenden wird eine Zeit, in der sie eine Berufsausbildung durchlaufen, zugesprochen. Gegenwärtig wird die Lebensphase Jugend als eine eigenständige Lebensphase angesehen (vgl. Hurrelmann/ Quenzel 2013, S. 19 - 23).

Das wichtigste Merkmal der Lebensphase Jugend ist die Geschlechtsreife. Durch diese kommt es „zu einem abrupten Ungleichgewicht in der körperlichen und psychischen Entwicklung der Persönlichkeit" (Hurrelmann/ Quenzel 2013, S. 27). Weiterhin ist die Jugend von der Kindheit dadurch abzugrenzen, dass sich das Individuum zum ersten Mal in seinem Leben bewusst mit der eigenen Identität beschäftigt. Es ist mit der Entwicklung einer eigenen Persönlichkeit beschäftigt. Des Weiteren strebt das Individuum durch eine Eigenständigkeit die Distanzierung von den Eltern an. Im Gegensatz zur Abgrenzung von der Kindheit ist die Jugend vom Erwachsenenalter nicht eindeutig abzugrenzen. Der Übergang von der Kindheit zur Jugend wird klar durch das Einsetzen der Geschlechtsreife definiert. Die Grenze zwischen dem Jugendalter und dem Erwachsenenalter ist als eher „fliessend" zu betrachten. Vom Gesetz her gilt ein Mensch ab dem 18. Lebensjahr als „Erwachsener". Es ist allerdings nicht möglich, „eine für alle Menschen verbindliche und fest erwartbare Reife- oder Altersschwelle für das Passieren des Übergangspunktes zwischen den beiden Lebensphasen zu benennen" (Hurrelmann/ Quenzel 2013, S. 31). Das Erwachsenenalter beginnt für jedes Individuum, abhängig von seiner emotionalen Reife, ganz individuell (vgl. Hurrelmann/ Quenzel 2013, S. 30-32). „Das Erwachsenenalter beginnt, wenn ein Mensch aus der bewegten, sehr dynamischen und teilweise auch unkontrollierten Jugendphase der Persönlichkeitsfindung herausgetreten ist, also eine Art ‚Sturm - und - Drang - Periode' abgeschlossen und seine Motive, Bedürfnisse und Interessen in eine vorläufige persönliche Ordnung gebracht hat" (Hurrelmann/ Quenzel 2013, S. 31).

2.6 Interdisziplinärer Zugang zur Resilienz

Aufgrund der Tatsache, dass der Begriff der Resilienz in diversen Disziplinen Verwendung findet, sollen in diesem Kapitel weitere Theorien (als Ergänzung zur Resilienz) herangezogen werden. Neben der Resilienztheorie stehen die Stresstheorie und das Modell der Salutogenese in einem engen Zusammenhang mit der Entstehung und Aufrechterhaltung von Gesundheit. Der Sozialisation kommt im Zusammenhang mit den Lebensphasen und den Entwicklungsaufgaben eine weitere Bedeutung für die Entwicklung von Resilienz zu.

2.6.1 Erkenntnisse aus der Stressforschung

„Die Stresstheorie beschäftigt sich mit der Frage, wie sich ein Mensch mit kritischen Anforderungen an das Verhalten auseinandersetzt und welche Folgen eine gelingende oder nicht gelingende Verarbeitung dieser Anforderung hat" (Hurrelmann/ Bauer 2018, S. 68). Im Wesentlichen wird die Stresstheorie von Hans Selye aufgestellt und später von Richard Lazarus weiterentwickelt. Die Stresstheorie geht davon aus, dass ein Mensch in einer drohenden Gefahrensituation alle physiologischen Ressourcen aktiviert, um dieser Gefahr zu entkommen. Das Ziel dieser extremen Reaktion ist es, die Bedrohung zu überstehen. Selye bewertet ein geringes Maß dieser Reaktion als positiv für die menschliche Anpassungsfähigkeit. Er bezeichnet sie als „Stress". Befindet sich ein Individuum hingegen in einem Zustand der ständigen Anspannung, geht Selye davon aus, dass dies zu einer negativen Persönlichkeitsentwicklung beiträgt. In diesem Zusammenhang spricht er von „Dystress", dem negativen Stress. Das ursprüngliche Stressmodell geht davon aus, dass die auftretenden Mechanismen rein physiologischer Natur sind. In der heutigen Stressforschung ist man sich sicher, dass dieses Modell um psychische Faktoren erweitert werden muss. Trotz dieser Erweiterung besteht die Annahme seitens der Forscher, dass selbst die heutige hochzivilisierte Gesellschaft Stressreaktionen zeigt, die auf die archaischen Wurzeln zurückgehen. Die ererbte psychische und physische Grundausstattung lässt den Menschen mit der gleichen Spontanität auf Gefahr reagieren wie schon in Urzeiten. Dieser Mechanismus, der so lange Zeiten überdauert und überlebt hat, entzieht sich der bewussten Kontrolle des Menschen. In der modernen Gesellschaft hat sich lediglich der Spannungsabbau des entstehenden Stress` verändert. Mussten unsere Vorfahren sich noch zwischen Kampf oder Flucht entscheiden, um ihr Überleben zu sichern, so steht der moderne Mensch vor der Entscheidung, wie er seinen Stress mit entsprechenden Bewältigungsstrategien reduzieren kann. Dieses sogenannte „Coping" ist für das Individuum äußerst wichtig, damit die Stressreaktionen nicht in destruktiven Verhaltensweisen, wie z. B. Gewalt, Depressionen oder einer Suchterkrankung, enden. Vor diesem Hintergrund erweitert Lazarus das bestehende Stressmodell und entwickelt die „transaktionale Stresstheorie". Diese Theorie postuliert, dass nicht alle negativen Ereignisse für alle Menschen gleich gewichtig sind. Für die „transaktionale Stresstheorie" ist von Bedeutung, welche subjektive Einschätzung ein belastendes Ereignis seitens des Individuums erhält. Weiterhin ist es von Wichtigkeit, „[...] welche psychologischen, sozialen und kulturellen Ressourcen ihm für die Bearbeitung der Belastung zur Verfügung stehen" (Hurrelmann/ Bauer 2018, S. 69). Wird ein Individuum mit einem Stressor konfrontiert, so schätzt es die Bedrohung subjektiv ein und überlegt, welche Bewältigungsstrategien vorhanden sind, um die Gefahr abzuwenden und mit der neuen Situation zurechtzukommen. Im besten Fall führen die erlernten Bewältigungsstrategien dazu, dass das seelische und körperliche Gleichgewicht wiederhergestellt bzw. aufrechterhalten wird (vgl. Hurrelmann/ Bauer 2018, S. 68 - 69). Lazarus definiert den Begriff der Bewältigung als „das Bemühen eines Menschen [...], Anforderungen und Belastungen in den Griff zu bekommen und möglichst zu meistern [...].

Ziel ist es, die persönliche Handlungsfähigkeit zu erhalten, eventuell die Ursache der Belastung zurückzudrängen oder doch zumindest abzuschwächen, aber auch - für den Fall, dass dies nicht möglich ist - die Belastung durch emotionale Umstellung zu tolerieren und zu ertragen" (Hurrelmann/ Bauer 2018, S. 69).

2.6.2 Konzept der Salutogenese nach Antonovsky

Der Begriff Salutogenese ist eine Wortschöpfung aus dem lateinischen Wort „Salus", was so viel bedeutet wie „Unverletztheit", „Heil" und „Glück" und dem griechischen Wort „Genese", was mit „Entstehung" zu übersetzen ist. Sinngemäß ist Salutogenese mit dem Wort „Gesundheitsentstehung" zu übersetzen (vgl. Hurrelmann 2010, S. 119). Ende des 20. Jahrhunderts wird der Begriff der Salutogenese von Aaron Antonovsky geprägt. Er versteht darunter ein Modell, das die sich gegenseitig beeinflussenden Faktoren zur Entstehung von Gesundheit beschreibt. Entgegen der pathologischen Fragestellung: „Was macht den Menschen krank?" richtet Antonovsky seinen Fokus darauf, was den Menschen gesund hält bzw. wieder gesund macht. Er sieht Gesundheit und Krankheit als ein Kontinuum. Für Antonovsky bedeutet dies, dass Gesundheit und Krankheit gleichermaßen im Leben des Menschen vorhanden sind und sich nicht gegenseitig ausschließen. Ebenso setzt die Weltgesundheitsorganisation die Begriffe Gesundheit und Krankheit - in ihrer Definition von Gesundheit - in einem Zusammenhang. „Health is a state of complete physical, mental and social well - being and not merely the absence of disease or infirmity" (Weltgesundheitsorganisation o. J., online). Antonovsky zur Folge lebt ein Mensch immer in einem Zustand, in dem Gesundheit und Krankheit gleichzeitig immanent sind. Auf welcher Position sich ein Mensch in diesem „Gesundheits - Krankheits - Kontinuum" (Antonovski 1997, S. 23) aktuell befindet, wird durch den Einfluss von Stressoren oder Widerstandsressourcen beeinflusst. Gesundheit wird von Antonovsky als ein Zustand beschrieben, der immer wieder neu hergestellt werden muss, da er nicht von Natur aus gegeben ist. Antonovsky postuliert an dieser Stelle, dass ein Mensch den Fokus auf die Stärkung seiner Widerstandsressourcen legen soll, statt den negativen Einflüssen eine zu starke Beachtung zu schenken.

Als das Herzstück seines Salutogenesemodells beschreibt Antonovsky das Kohärenzgefühl „sense of coherence (SOC)" (Antonovsky 1997, S. 16). Er sieht es als „[...] eine globale Orientierung [...], die das Maß ausdrückt, in dem man ein durchdringendes, andauerndes aber dynamisches Gefühl des Vertrauens hat, daß [sic!] die eigene interne und externe Umwelt vorhersagbar ist und daß [sic!] es eine hohe Wahrscheinlichkeit gibt, daß [sic!] sich die Dinge so entwickeln werden, wie vernünftigerweise erwartet werden kann" (Antonovsky 1997, S. 16). Somit schreibt er dem Menschen die Fähigkeit zu, eine Sinnhaftigkeit in der Gesundheit, wie auch der Krankheit sehen zu können. Als Grundlage des Kohärenzgefühls dienen Antonovsky die Begriffe Verstehbarkeit, Handhabbarkeit und Bedeutsamkeit.

„Die Person mit einem hohen Ausmaß an Verstehbarkeit geht davon aus, daß [sic!] Stimuli, denen sie in Zukunft begegnet, vorhersagbar sein werden oder daß [sic!] sie zumindest, sollten sie tatsächlich überraschend auftreten, eingeordnet und erklärt werden können" (Antonovsky 1997, S. 34).

Unter der Handhabbarkeit versteht Antonovsky die individuellen Ressourcen, die ein Mensch zur Verfügung hat, um mit entstehenden Stressoren umgehen zu können. „Wer ein hohes Ausmaß an Handhabbarkeit erlebt, wird sich nicht durch Ereignisse in die Opferrolle gedrängt oder vom Leben ungerecht behandelt fühlen" (Antonovsky 1997, S. 35).

Die letzte Komponente des Kohärenzgefühls geht mit der Ansicht einher, dass das individuelle Leben eine Bedeutung hat. Die Bedeutsamkeit spiegelt die Eigenschaft wieder, dass der Mensch eine Motivation findet, sein Leben nach seinen eigenen Wünschen zu gestalten. Negative Ereignisse im Lebenslauf werden dann als eine - zu bestehende - Herausforderung angesehen (vgl. Antonovsky 1997, S. 16 - 36).

2.6.3 Sozialisation

Sozialisation ist ein Begriff, der für viele verschiedene wissenschaftliche Disziplinen von Bedeutung ist. Anfangs findet er Beachtung in der Soziologie und Psychologie. Danach taucht er in der Pädagogik sowie Erziehungswissenschaft und auch in der Sozialen Arbeit auf. Die Kinder- und Jugendmedizin kommt in ihrer heutigen Erscheinung ebenfalls nicht ohne den Begriff der Sozialisation aus. Sozialisation die reziproke Beziehung zwischen Individuum und seiner Umwelt. Den Grundstein für diese Definition legt die Soziologie. Grundlegend beschäftigt sich die Sozialisationstheorie mit der Frage: „[...], wie ein Mensch mit seiner genetischen Ausstattung an Trieben und Bedürfnissen, seinen angeborenen Temperaments- und erworbenen Persönlichkeitsmerkmalen sowie in Interaktion mit den ihn umgebenden Umweltfaktoren zu einem Subjekt mit der Fähigkeit zur Selbstreflexion wird und es dabei schafft, die Anforderungen an die individuelle Integration in ein soziales Gefüge zu bewältigen." In der heutigen Sozialisationsforschung steht dieses Spannungsverhältnis zwischen Individuum und Gesellschaft nach wie vor im Vordergrund (vgl. Hurrelmann/ Bauer 2018, S. 16 - 23). Die Sozialisationstheorie geht davon aus, dass zwischen der Persönlichkeitsentwicklung eines Menschen und den einflussnehmenden Umweltfaktoren eine Abhängigkeit besteht. Diese These lässt sich aus Sicht der Neurobiologie und Psychologie nicht auf Dauer halten. Mittlerweile besteht ein Konsens darüber, dass die Umwelteinflüsse nicht allein verantwortlich für die menschliche Sozialisation sind. Dass Sozialisation zusätzlich von einer Vielzahl von menschlichen Verhaltensweisen und den verschiedenen normativen Erwartungen einer Gesellschaft abhängt, ist für die Psychologie als selbstverständlich anzusehen. Aus wissenschaftlicher Sicht ist der Begriff der Sozialisation als ein dynamischer Begriff zu betrachten. In den sechziger Jahren des 20. Jahrhunderts liegt der Fokus noch ganz klar auf der Erwerbsarbeit und der Einfluss der Bildung wird vollkommen vernachlässigt. Zu dieser Zeit ist über viele Jahre hinweg eine proletarisch geprägte Denkweise und die Wichtigkeit der körperlichen Arbeit in vielen sozialen Milieus als selbstverständlich und stabil angesehen. Mit zunehmendem Einfluss der Bildung erodiert diese Mentalität. Für viele soziale Milieus nimmt heute die Bildung einen großen Stellenwert ein. Auch die Etablierung der heutigen Mediengesellschaft hat für einen enormen Wandel in der Sozialisation der verschiedenen gesellschaftlichen Milieus gesorgt. Für die Sozialisation ist es charakteristisch, dass sich gesellschaftliche Lebensbereiche einem historischen Wandel unterziehen und neue Einflüsse auftreten, dass andere hingegen verschwinden (vgl. Hurrelmann/ Bauer 2018, S. 11 - 12).

2.7 Zwischenfazit

Die interdisziplinäre Betrachtung der Resilienz zeigt deutlich auf, dass der subjektiven Zuschreibung der negativ erlebten Lebensereignisse eine sehr große Bedeutung zukommt. Die individuellen Copingstrategien eines Kindes bestimmen in einem großen Maß, wie sehr seine Persönlichkeitsentwicklung durch auftretende Risikofaktoren beeinträchtigt wird. Die Ergebnisse der eingangs aufgezeigten Studien validieren, dass es einen Zusammenhang zwischen den Copingstrategien, der genetischen Disposition eines Kindes und seinem sozialen Umfeld gibt, wenn es darum geht, eine innere Stärke gegen die negativen Einflüsse des Lebens zu entwickeln. In Anlehnung an die Bindungstheorie nach Bowlby (s. Kapitel 3.5) bekräftigt Werner immer wieder, dass eine gute emotionale Bindung von größter Bedeutung als Schutzfaktor für ein Kind ist. Nur ein intaktes Elternhaus bildet die Grundlage dafür, dass ein Kind seine zukünftige

Persönlichkeit frei entwickeln kann. Ein Kind befindet sich in einem dynamischen Entwicklungsprozess mit seiner Umwelt und versucht währenddessen seine altersspezifischen Entwicklungsaufgaben zu erlernen. Kinder, die es schaffen, ihre Ressourcen realistisch einzuschätzen und ihre Fähigkeiten entsprechend nutzen können, sind in der Lage, den komplexen Anforderungen der heutigen Gesellschaft Stand zu halten. Diese bilden die Basis für eine erfolgreiche Persönlichkeitsentwicklung, aus der sich eine eigenständige und vor allem positive Lebensführung entfalten kann.

3 Mensch-Hund-Beziehung

„The human - animal bond is a mutually beneficial and dynamic relationship between people and animals that is influenced by behaviors considered essential to the health and well - being of both" (American Veterinary Medical Association o. J., online). Bevor von einer „richtigen" Mensch - Hund - Beziehung gesprochen werden kann, sind die Begriffe der „Biophilie", der „Du - Evidenz", der Domestizierung und der Anthropomorphisierung zu erklären. Des Weiteren soll in diesem Kapitel der Hypothese nachgegangen werden, ob Menschen zu Hunden ein ähnliches, wenn nicht sogar gleiches, Bindungsverhalten aufbauen können wie zu Menschen. Aus diesem Grund findet in diesem Kapitel ebenfalls die Bindungstheorie Beachtung.

3.1 Biophilie-Hypothese

Die Vorfahren des heutigen zivilisierten Menschen sind schon damals auf die Natur angewiesen. Als Jäger und Sammler finden sie in der Natur ihre Nahrung und stellen somit ihr Überleben sicher. Auch leben unsere Vorfahren mit Hunden in großen, sozialen Gruppen zusammen und werden bei der Nahrungssuche oft durch Hunde unterstützt. Zu Urzeiten sprechen unsere Vorfahren bereits ihren Hunden Gefühle und damit eine Seele zu. Sie werden nicht als minderwertiger gegenüber dem Menschen angesehen, sondern als Verwandte. Der frühe Mensch hegt ein starkes Interesse an der ihn umgebenden Natur und entwickelt eine Liebe zu dieser (vgl. Julius et. al. 2014, S. 20 - 25). „The hypothesis refers to humans` innate desire to connect with other living organisms" (Fine/ Weaver 2010, S. 134).

Der Begriff „Biophilie" wird Anfang der neunziger Jahre des 20. Jahrhunderts von dem Biologen Edward O. Wilson eingeführt. Wilson geht davon aus, dass in der menschlichen Natur das Bedürfnis vorhanden ist, sich mit allem Lebendigen zu beschäftigen und dass der Wunsch besteht, sich mit diesem verbinden zu wollen (vgl. Olbrich/ Otterstedt 2003, S. 381). „The object of the reflection can be summarized by a single word, biophilia, which I will be so bold as to define as the innate tendency to focus on life and lifelike process" (Wilson 1984, S. 1). Aufgrund der Tatsache, dass sich die Menschheit seit Beginn ihrer Evolution stets mit anderen Lebewesen gemeinsam entwickelt hat, geht Wilson davon aus, dass der Mensch eine tiefe Verbundenheit zu der Natur und allen in ihr vorkommenden Lebewesen entwickelt hat. Für Wilson ist die „Biophilie" nicht nur ein einfacher Instinkt, sondern beinhaltet ein komplexes Gebilde von Gefühlen, geistigen Fähigkeiten, Ästhetik und spiritueller Entfaltung. Weiterhin geht die „Biophilie -

Hypothese" davon aus, dass der Mensch das Bedürfnis verspürt, nicht nur zur belebten Natur, sondern ebenso zur unbelebten Natur eine Verbindung aufbauen zu wollen. Die Forschung um die tiergestützte Pädagogik führt die „Biophilie - Hypothese" als Basis für die therapeutische Wirkung zwischen Menschen und Hunden an (vgl. Olbrich/ Otterstedt 2003, S. 381). „Das Interesse an Tieren ist also als evolutionäres Erbe des Menschen grundlegend. Das Aufwachsen in bestimmten Naturkontexten scheint sogar eine wichtige Komponente der Individualentwicklung und der psychologischen Entwicklung zu sein, in deren Verlauf die Tierbeziehung differenziert und individualisiert wird" (Julius et. al. 2014, S. 23).

3.2 Du-Evidenz

„Mit Du - Evidenz bezeichnet man die Tatsache, dass zwischen Mensch und höheren Tieren Beziehungen möglich sind, die denen entsprechen, die Menschen unter sich beziehungsweise Tiere unter sich kennen" (Greiffenhagen/ Buck - Werner 2015, S. 22). Der Begriff der „Du - Evidenz" geht auf den Psychologen Karl Bühler zurück. Unter der „Du - Evidenz" versteht Bühler die Fähigkeit des Menschen, ein anderes Lebewesen als ein „Du" wahrzunehmen. Inhaltlich wird die „Du - Evidenz" als eine nötige Voraussetzung beschrieben, um für andere Lebewesen Gefühle, wie z. B. Empathie, zu entwickeln. In der Mensch - Hund - Beziehung bekommt die Definition der „Du - Evidenz" vor allem dann eine besondere Rolle, wenn zwischen Mensch und Hund eine gemeinsame Basis vorliegt. Mensch und Hund besitzen in ähnlicher Weise Bedürfnisse, die erfüllt sein wollen. Bedürfnisse, wie z. B. Nähe zu empfinden, körperliche Berührungen erfahren zu wollen oder miteinander zu kommunizieren, sind bei beiden Spezies vorhanden. Erst wenn sich Mensch und Hund wechselseitig als ein „Du" wahrnehmen, kann der Grundstein für eine intakte Mensch - Hund - Beziehung gelegt werden. „Das Tier wird als Genosse gesehen, dem personale Qualitäten zugeschrieben werden" (Greiffenhagen/ Buck - Werner 2015, S. 23). Oft geht der heutige zivilisierte Mensch diese oben beschriebene Beziehung zu einem Hund ein. Menschen und Hunde besitzen am ehesten die gleichen emotionalen und sozialen Bedürfnisse. Das Konzept der „Du - Evidenz" verdeutlicht, dass ein Tier, hier beispielhaft der Hund, für den Mensch eine ganz besondere Rolle einnehmen kann. Der Mensch schreibt seinem Hund personale Eigenschaften zu und sieht in ihm einen sozialen Partner. Untermauert wird dieses Argument dadurch, dass der Mensch seinem Hund einen Namen gibt und ihn als ein Familienmitglied ansieht. Durch dieses Ritual wird der Hund ein individuelles

Subjekt. Oft lässt diese Art der Partnerschaft zwischen Mensch und Hund kaum noch den Unterschied zu einer zwischenmenschlichen Beziehung erkennen (vgl. Greiffenhagen/ Buck - Werner 2015, S. 22 - 24). „Die Du - Evidenz ist die unumgängliche Voraussetzung dafür, dass Tiere therapeutisch und pädagogisch helfen können" (Greiffenhagen/ Buck - Werner 2015, S. 24).

3.3 Domestizierung des Hundes

Von Domestikation ist zu sprechen, „[...] wenn sich die Allelfrequenzen (Genvarianten) dieser Tiere aufgrund eines Selektionsdrucks auf Umgänglichkeit immer weiter von der Genetik und damit von der Merkmalsausprägung ihrer wildlebenden Vorfahren entfernt" (Julius et. al. 2014, S. 49). Ein zentrales und unumgängliches Merkmal für die Domestikation des Hundes ist die Zahmheit. Der Mensch benötigt einen Hund, der sich sozial anpassen kann und der in seiner Verhaltensweise gegensätzlicher ist als sein ungezähmter Artgenosse (vgl. Julius et. al. 2014, S. 48 - 50). Für den Hund hat die Domestikation zur Folge, dass seine natürlichen Triebe in einem gewissen Maß unterdrückt werden. „Es liegt auf der Hand, dass hierdurch die ursprüngliche Angewohnheit der Triebe erheblich gestört wird" (Lorenz/ Leyhausen 1973, S. 67 - 68). Der Grundgedanke der tiergestützten Pädagogik hebt die Domestikation des Hundes auf ein bisher nie erreichtes Niveau. „Tiere sollen nicht nur für diese oder jene Funktion im Dienste des Menschen ausgebildet werden, sondern auch durch ihre bloße Existenz selbst hilfreich sein" (Greiffenhagen/ Buck - Werner 2015, S. 20). Um dieser Anforderung gerecht werden zu können, braucht es ein Tier, das nicht nur „neben" dem Menschen lebt, sondern „mit" dem Menschen lebt. Von Anbeginn der Zeit ist der Hund dem Menschen schon immer näher als andere Tierarten. Der Hund findet in der nahen Umgebung des Menschen sein Zuhause. In der Tierforschung herrscht nach wie vor Unklarheit darüber, aus welchem Grund der Mensch den Hund domestiziert hat. Ist es „[...] der Nutzen, den man von ihm hatte (Wächter, Hirte, Jagdhelfer, Nahrungsmittel und Abfallvertilger), oder seine Gefährtenschaft, die immer wieder als gleichermaßen belebend und beruhigend erfahren wird" (Greiffenhagen/ Buck - Werner 2015, S. 20). Ein wichtiger Grund, der ausnahmslos für die Domestikation des Hundes bestehen bleibt, ist die Fähigkeit des Hundes, eine symbiotische Beziehung zu dem Menschen eingehen zu können und auch von sich aus zu wollen. In der Mensch - Hund - Beziehung teilen sich Mensch und Hund eine emotionale und soziale Basis, was den Hund als primäres Subjekt für die Domestikation, aus Sicht des Menschen, prädestiniert. Mensch und Hund streben gleichermaßen eine Solidarität an, in der der Nutzen, der Gewinn und der Vorteil des Gegenübers vernachlässigt wird und das emotionale Band an primärer Stelle stehen soll (vgl. Greiffenhagen/ Buck-Werner 2015, S. 20 - 22).

3.4 Anthropomorphisierung des Hundes

Die Psychologie versteht unter dem Begriff der Anthropomorphisierung die Vermenschlichung des Hundes (allgemein von Tieren). In diesem Sinn werden dem Hund menschliche Eigenschaften und Gefühle zugeschrieben (vgl. psylex o. J., online). Da der Hund eine emotionale Bedeutung für den Menschen hat, projiziert der Mensch seine eigenen Bedürfnisse und gewünschten Eigenschaften auf den Hund. Dies kann dazu führen, dass sich sogar die emotionale Stimmung zwischen Mensch und Hund synchronisiert. Der Hund eignet sich aufgrund seiner eigenen sozialen Bedürfnisse sehr gut, um dem Menschen als soziales Ebenbild zu dienen. Durch die emotionale Zuwendung des Menschen wird auch das Bindungsbedürfnis des Hundes erfüllt. Trotz des gemeinsamen Wunsches nach Bindung bleibt der Unterschied, dass Mensch und Hund auf unterschiedliche Weise ihre Gefühle ausdrücken (vgl. Julius et. al. 2014, S. 20 - 22). Hier führt die Wissenschaft einen wichtigen Grund an: Ursache ist der Unterschied zwischen der menschlichen und tierischen Empathie. Im Sinne der menschlichen Empathie wird von Mitgefühl gesprochen. Darüber, ob der Hund ein wirkliches Mitgefühl empfinden kann, herrscht kein Konsens in der Wissenschaft. Vielmehr wird bei der tierischen Empathie von einer Art Hilfsbereitschaft gesprochen. Diese Hilfsbereitschaft impliziert den Willen, ein anderes Individuum zu unterstützen, Fürsorge und Beistand leisten zu wollen. Diesen Eigenschaften kommt der Hund nach (vgl. Greiffenhagen/ Buck - Werner 2015, S. 24 - 25). „Der Hund will den Bund mit dem Menschen - aber nur, wenn der Mensch ihn leitet, Respekt und Vertrauen wachsen können" (Otterstedt 2001, S. 139 - 140). Dennoch bleibt es wichtig, den Hund weiterhin als ein Tier mit eigenen Bedürfnissen anzusehen. Der Mensch soll davon absehen, den Hund zu sehr zu vermenschlichen und in ihm einen kleinen Menschen sehen, den man nach Lust und Laune z. B. frisieren kann (vgl. Otterstedt 2001, S. 140).

3.5 Bindungstheorie nach Bowlby

Der Begriff „Bindung" ist laut Bowlby mit Komplexität verbunden. Er unterscheidet zwischen der Bindung an sich, dem Bindungsverhalten und dem Verhaltenssystem der Bindung.

Für Bowlby ist Bindung ein allgemein gehaltener Begriff, der seinen Bezug hinsichtlich der Qualität und Zustand der individuellen Bindungen hat. Wenn ein Mensch sich sicher und beschützt fühlt, ist er, laut Bowlby's Aussage, sicher gebunden. Entwickelt ein Mensch, bezogen auf seine Bindungsperson, Ängste und Unsicherheiten, so ist er unsicher gebunden.

Das Bindungsverhalten definiert Bowlby als „jede Form von Verhalten, das zum Ergebnis hat, dass eine Person Nähe zu einem anderen differenzierten und bevorzugten Individuum herstellt oder aufrechterhält" (Holmes/ Wimmer 2006, S. 88).

Das Verhaltenssystem der Bindung bildet die Basis für die Bindung und das Bindungsverhalten. Es charakterisiert die individuelle Sicht auf eine emotionale Welt, in der die eigene Person sowie andere bedeutende Menschen, ihre Beziehungen zueinander darstellen. Diese subjektive Darstellung impliziert das spezielle Bindungsmuster eines Individuums.

Die zentrale Annahme der Bindungstheorie ist, dass sich die Bindung auf ein Individuum oder eine kleine Gruppe von Individuen bezieht. Wichtig hierbei ist, dass sich die bevorzugte Bindungsperson deutlich von anderen Personen abgrenzt. Bowlby beschreibt diese Form der Abgrenzung als „monotrop". Eine monotrope Bindung bezieht sich nur auf einen Menschen. In den meisten Fällen ist das die Mutter eines Kindes. Für Bowlby hat diese primäre Bindung „tiefgreifende Folgen für die psychische Entwicklung und die Psychopathologie des ganzen Lebenszyklus" (Holmes/ Wimmer 2006, S. 89). Ergänzend zu seiner Ausarbeitung der monotropen Bindung stellt Bowlby fest, dass diese nicht als absolut anzusehen ist. Er führt hierzu das Beispiel einer hierarchischen Bindung an. An erster Stelle steht für ein Kind die Mutter, gefolgt von seinem Vater, den Geschwistern und Großeltern. Weiterhin spielen unbelebte Objekte eine Rolle in der Bindungstheorie. Die Bindungstheorie stellt die Mutter als „Hauptfürsorger" an die Spitze der zuvor erwähnten Hierarchie. Es ist dennoch nicht auszuschließen, dass der Vater oder andere Familienmitglieder mit dieser wichtigen Rolle beauftragt werden.

Ein weiterer wichtiger Aspekt in der Bindungstheorie ist der Umgang mit Verlust und Trennung. Das heranwachsende Kind muss lernen, seine Hauptbindungsperson mit anderen Familienmitgliedern zu teilen. Hieraus leitet Bowlby ab, dass selbst eine tiefe Bindung zu einem Menschen nicht absolut sicher und verlässlich sein kann. Sie muss in den meisten Fällen geteilt werden oder verliert sich am Ende, z. B. durch den Tod, ganz. Eine wichtige Entwicklungsaufgabe für das

Kind ist es, zu lernen, sich von Bindungspersonen trennen zu können und neue Bindungen zu anderen Menschen aufzubauen. Mary Ainsworth, die zusammen mit Bowlby die Bindungstheorie entwickelt hat, ergänzt an dieser Stelle den Begriff der „sicheren Basis". Die „sichere Basis" dient als Fundament, von dem aus ein sicher gebundenes Kind seine Umwelt zu erkunden beginnt. Das Kind hat gelernt, dass es sich auf seine Bindungsperson verlassen kann und bei drohender Gefahr bei ihr Zuflucht suchen kann. Auch in Situationen, in denen die Bindungsperson nicht anwesend ist, kann das Kind sich sicher sein, dass seine Bindungsperson da sein wird, wenn es sie benötigt.

Um die Qualität einer Bindung zu erörtern, verweist Bowlby auf die Reaktion bei einer Trennung. Bowlby stellt fest, dass der Protest die stärkste Reaktion von Kindern auf die Trennung von ihren Eltern ist. Unter diesem Protest fasst Bowlby „schlechte" Verhaltensweisen, wie Beißen, Schreien, Brüllen, Treten etc. zusammen (vgl. Holmes/ Wimmer 2006, S. 88 - 93). Bowlby ist sich sicher, dass Bindung und Abhängigkeit einen Menschen sein Leben lang begleiten. Im frühen Kindesalter definiert sich die Bindung durch die Mutter - Kind Beziehung. In der Jugend soll die anfängliche Mutter - Kind Beziehung allmählich gelöst werden und es entstehen neue Bindungen zu Gleichaltrigen. Als die erwachsene Form der Bindung sieht Bowlby die Ehe oder andere vergleichbare Alternativen an (vgl. Holmes/ Wimmer 2006, S. 103). „Die Bindungstheorie begreift das Streben nach engen emotionalen Beziehungen als spezifisch menschliches, schon beim Neugeborenen angelegtes, bis ins hohe Alter vorhandenes Grundelement" (Bowlby 2014, S. 98).

3.5.1 Das Hormon Oxytocin

„Oxytocin ist ein im Hypothalamus synthetisiertes Nonapeptid, das durch ein Nervennetz im Gehirn sowie durch die Hypophyse in den Blutkreislauf freigesetzt wird" (Julius et. al. 2014, S. 83). Das Hormon Oxytocin nimmt bei der Geburt eine wichtige Rolle ein. Kurz vor der Geburt kommt es in der Gebärmutter zu einer erhöhten Ausschüttung von Oxytocin. Dies führt dazu, dass die Gebärmutter sich zusammenzieht und das Kind geboren werden kann. Erstmals wird diese Erkenntnis von Sir Henry Dale im Jahr 1906 festgehalten. Des Weiteren trägt Oxytocin bei der Entstehung von zwischenmenschlichen Bindungen bei. Aus diesem Grund wird es auch als „Bindungshormon" oder als „Kuschelhormon" bezeichnet. Auch nimmt Oxytocin auf das menschliche Verhalten Einfluss. Im menschlichen Körper kann Oxytocin auf vier verschiedene Arten freigesetzt werden: Körperkontakt, Blickkontakt, Hören und Riechen (vgl. Jansen/ Streit 2015,

S. 31 - 39). Voraussetzung für die Freisetzung von Oxytocin auf den oben genannten Wegen ist eine vertrauensvolle Beziehung. Die Forschung kann in Human- wie auch Tierversuchen nachweisen, dass Oxytocin soziales Verhalten begünstigt sowie Angst, Stress und Schmerzen reduziert. Weiterhin funktioniert die Freisetzung von Oxytocin nicht nur in zwischenmenschlichen Interaktionen, sondern auf gleiche Weise in der Mensch - Hund - Beziehung (vgl. Julius 2014, S. 83). Eine im Jahr 2003 durchgeführte Studie verifiziert, dass der Oxytocinwert im Blut bei Mensch und Hund ansteigt, wenn diese miteinander interagieren (vgl. Fine/ Weaver 2010, S. 133). „Further research has demonstrated that attachment to a pet can reduce cortisol levels, and increase oxytocin levels. Oxytocin is a peptide hormone associated with making people feeling happy, calm, patient, tusting and sensitive to non - verbal forms of communication and social bonding" (Fine/ Weaver 2010, S. 133).

3.5.2 Das Bindungsbedürfnis bei Tieren

„Das Bindungsbedürfnis gehört sicher zu den Grundbedürfnissen des Menschen. Aber der Mensch teilt dieses Grundbedürfnis mit anderen sozial lebenden Tieren" (Grawe 2004, S. 195). Das Bindungsbedürfnis bei Tieren ist bisher bei den Rhesusaffen am besten wissenschaftlich untersucht. Grawe ist der Meinung, dass „die neurologischen Untersuchungen ein ganz neues Licht auf das Bindungsbedürfnis auch beim Menschen [werfen]. Sie lassen Bowlbys Konzeption fast in einem anthropomorphistischen Licht dastehen" (Grawe 2004, S. 195). Die Wissenschaft kommt zu der Erkenntnis, dass das Bindungsverhalten beim Menschen weitaus tiefer verankert ist als anfangs angenommen. Erst die Untersuchungen an den Rhesusaffen lassen verstehen, warum ein instabiles Bindungsverhältnis in zwischenmenschlichen Interaktionen so gravierende Auswirkungen auf die psychische Gesundheit des Menschen haben kann. Die Forschung bei neugeborenen Rhesusaffen belegt, dass diese in eine permanente Stressreaktion verfallen, wenn man sie von der Mutter trennt und alleine lässt. „Der Herzschlag ist beschleunigt, die Körpertemperatur steigt und es werden vermehrt Stresshormone ausgeschüttet" (Grawe 2004, S. 196). An dieser Stelle wird ebenfalls von einer Protestreaktion gesprochen. An diesem Punkt könnte das fehlende mütterliche Fürsorgeverhalten für eine Beruhigung des Organismus sorgen. Das körpereigene Hormon Oxytocin würde bei Kontakt mit der Mutter ausgeschüttet werden und so für eine stabile soziale Bindung sorgen. Ist diese grundlegende Bindung zwischen Mutter und Kind hergestellt, sorgt das Oxytocin bei dem Kind dafür, dass dieses eine positive Bindungserfahrung in seinem Gehirn abspeichern kann, die sogenannten Gedächtnisspuren. Diese Gedächtnisspuren können bei Bedarf immer wieder aktiviert werden. Ist dieses Bindungsmuster im Gehirn eines Kindes manifestiert, kann es in beängstigenden Situationen auf dieses zurückgreifen und ist in der Lage, sich schneller zu beruhigen. Fehlen, im Gegensatz dazu, einem Kind diese Gedächtnisspuren, kann ein Kind seine negativen Emotionen nur schwer, bis gar nicht, regulieren. Dies wiederum kann für den weiteren Lebenslauf gravierende Folgen mit sich bringen. „Eine Unfähigkeit, negative Emotionen zu regulieren, ist Kennzeichen fast aller psychischer Störungen" (Grawe 2004, S. 197).

Die oben erwähnten Gedächtnisspuren führen zu einer Herausbildung eines intakten Bindungsmusters des Kindes. Die ersten Beziehungserfahrungen, die ein Kind mit seiner ersten Bezugsperson macht, stellen die Weichen für das spätere Bindungsverhalten des Kindes. Anhand der Rhesusaffen wird weiterhin belegt, wie gravierend die Verletzungen des Bindungsbedürfnisses auf neurophysiologischer Ebene wirken. Die Rhesusaffen werden zu diesem Zweck für einen weitaus längeren Zeitraum von ihrer Mutter getrennt. In dieser Situation eskaliert bei den Rhesusaffen die anfängliche Protestreaktion. Die Forscher beobachten, wie die Tiere zu einer schlaffen Körperhaltung übergehen. Das Interagieren mit ihren Artgenossen nimmt deutlich ab und ihr Geschrei wird wesentlich lauter. Die Tiere verweigern die Nahrung und vermitteln einen traurigen Gesamteindruck. Auch treten in diesem Zusammenhang neue Verhaltensweisen auf. Die Rhesusaffen beginnen, sich selber in den Arm zu nehmen und hin und her zu schaukeln. Insgesamt beobachten die Forscher bei den Rhesusaffen verschlechterte physische Merkmale, wie niedriger Herzschlag, geringe Körpertemperatur, weniger Sauerstoffverbrauch oder ein generell anfälligeres Immunsystem. „Tieruntersuchungen geben uns auch näheren Aufschluss darüber, wie die interorganismischen affektiv - körperlichen Interaktionen zwischen Mutter und Kind die spätere intraorganismische Regulation des Kindes beeinflussen" (Grawe 2004, S. 198). Aufgrund dieser Erkenntnis postuliert die Forschung, „dass das Nervensystem sozial lebender Säugetiere nach der Geburt zunächst im Sinne offener homöostatischer Regelkreise funktioniert, die einen Input von außen brauchen, damit eine systeminterne Homöostase aufrechterhalten werden kann" (Grawe 2004, S. 195). Übertragen auf den Menschen bedeutet dies, dass das Individuum diesen Input durch die sozialen Interaktionen erhält (vgl. Grawe 2004, S. 195 - 199). Mit den Untersuchungen an den Rhesusaffen und den daraus resultierenden Parallelen für den Menschen zeigen die Forscher auf, dass „[...] der Mensch für eine einigermaßen normale Entwicklung unbedingt eine Bindungsbeziehung braucht. Er ist unverzichtbar darauf angewiesen und deswegen ist das Bindungsbedürfnis zu Recht als ein Grundbedürfnis anzusehen" (Grawe 2004, S. 199).

3.6 Zwischenfazit

„Natürlich sehen wir Heimtiere nicht als Ersatz für zwischenmenschliche Beziehungen. Trotzdem scheint das wachsende Ungleichgewicht zwischen einer ansteigenden Dichte von Stressoren und sinkenden Möglichkeiten, diese zu regulieren, zumindest teilweise durch die Beziehung zu Heimtieren kompensiert zu werden" (Julius et. al. 2014, S. 196). Die eingangs aufgestellte Hypothese, dass der Mensch zu einem Hund eine ähnliche oder sogar gleiche Bindung aufbauen kann wie zu anderen Menschen, kann an dieser Stelle verifiziert werden. Aufgrund der artübergreifenden Gleichheit im Oxytocinsystem und den vielen parallelen emotionalen Bedürfnissen von Mensch und Hund sind diese in der Lage, „echte" Beziehungen eingehen zu können. Übertragen auf die Kinder- und Jugendhilfe und aufbauend auf dem Konzept der Bindungstheorie ist davon auszugehen, dass ein Hund ebenso in der Lage ist, ein Bindungssubjekt für ein Kind darzustellen. Eine positive Bindungserfahrung, die ein Kind mit einem Hund macht, kann auf spätere zwischenmenschliche Beziehungen übertragen werden. Mit Hilfe eines intakten Bindungsverhaltens zu einem Hund bietet sich einem Kind mit einer vorab erlebten negativen Bindungserfahrung die Möglichkeit, diese zu einer positiven Bindungserfahrung zu transformieren.

4 Tiergestützte Pädagogik

„Eine tiergestützte Intervention ist eine zielgerichtete und strukturierte Intervention, die bewusst Tiere in Gesundheitsfürsorge, Pädagogik und Sozialer Arbeit einbezieht und integriert, um therapeutische Verbesserungen bei Menschen zu erreichen" (Wohlfarth/ Mutschler 2016, S. 25 - 26). Das Forschungsgebiet der tiergestützten Pädagogik wird als noch sehr jung bezeichnet. Obwohl die Forderungen, seitens der Wissenschaft, nach mehr evidentem Material immer lauter werden, beschäftigt sich die Wissenschaft erst seit dem Jahr 2008 intensiver mit der Fragestellung, wie die tiergestützte Pädagogik auf den Menschen wirkt und welche Vorteile daraus zu ziehen sind (vgl. Fine/ Weaver 2010, S. 135). Zu Beginn des Kapitels wird der Begriff der tiergestützten Pädagogik definiert. Im Anschluss wird auf die besondere pädagogische Eignung des Hundes eingegangen und es wird aufgezeigt, welche Wirkung der Hund auf den Menschen hat.

4.1 Definition des Begriffs

„Animal - assisted interventions (AAIs) are activities that involve working and interacting with animals in a therapeutic setting" (Fine/ Weaver 2010, S. 132). Als Leitbild dieser Interaktionen gilt, „that bonding with animals is beneficial to humans" (Fine/ Weaver 2010, S. 132). Die „International Association for Human - Animal Interaction Organizations (IAHAIO)" hat festgelegt, dass tiergestützte Interventionen zielgerichtet sein müssen. Dieses Ziel beinhaltet die Erziehung und gesundheitlich positive Entwicklung der Tiere hinsichtlich eines therapeutischen Vorteils des Menschen (vgl. Fine/ Weaver 2010, S. 132). Der Beginn der tiergestützten Pädagogik geht auf Boris Levinson zurück. Im Jahr 1969 veröffentlicht der Kinderpsychologe seine erste offizielle Schrift, „Pet - Oriented Child Psychotherapy" und zehn Jahre später „Pets and Human Development". Er stellt fest, dass die Anwesenheit seines Hundes bei den Kindern eine begünstigende Einstellung bezüglich der Therapie hervorruft. Weiterhin beobachtet er die positive Entwicklung von anfangs unkooperativen Kindern, wenn diese mit seinem Hund interagieren.

Was anfangs nur durch Zufall beobachtet wird, ist der heutige Grundstein der modernen tiergestützten Pädagogik. Jahre später schlägt der Psychiater Samuel Corson, Professor an der Ohio State University vor, „that animals could act as a social lubricant in the therapeutic process" (Fine/ Weaver 2010, S. 133). Daraufhin entsteht im Jahr 1990 die internationale Dachorganisation „International Association of Human - Animal Interaction Organizations" (IAHAIO). In der IAHAIO schließen sich weltweit Organisationen zusammen, die ihre Forschung der Mensch - Tier - Beziehung widmen. Pionier der tiergestützten Pädagogik in Deutschland ist der 1987 gegründete Verein „Tiere helfen Menschen e. V.". Anfangs liegt der Schwerpunkt in der praktischen Arbeit zwischen Mensch und Hund. Es wird allerdings bald festgestellt, dass das Konzept der tiergestützten Pädagogik ohne eine theoretische Aus- und Weiterbildung und ohne qualitative Standards nicht weiter zu entwickeln ist. In Folge dessen gründet sich im Jahr 2004 die „European Society for Animal Assisted Therapy" (ESAAT). „Die Hauptaufgaben der ESAAT sind die Erforschung und Förderung der tiergestützten Therapie sowie die Gestaltung und europaweite Vereinheitlichung der Ausbildung auf diesem Gebiet" (Wohlfarth/ Mutschler 2016, S. 21) Da es aber innerhalb der Organisation keinen Konsens darüber gibt, wie die Qualitätsstandards für die Ausbildung der Therapiehunde inhaltlich aussehen sollen, spaltet sich die konkurrierende „International Society of Animal Assisted Therapy" (ISAAT) ab (vgl. Wohlfarth/ Mutschler 2016, S. 19 - 21).

4.2 Besondere pädagogische Eignung des Hundes

„Hunde sind mit Abstand die beliebtesten Begleiter der Menschen" (Otterstedt 2001, S. 138). Die Beziehung, die Menschen zu Hunden haben, ist mindestens genauso alt, wie die Menschheit selbst. Weltweit, durch alle Kulturen hinweg, spielen Hunde eine große Rolle für den Mensch. Hunde sind aufgrund ihrer eigenen Natur als soziale Tiere bekannt. Ihnen fällt es leicht, sich dem Menschen unterzuordnen und ihn als Rudelführer zu akzeptieren. Hunde sind bestrebt, sich schnell an den Menschen anzupassen. Der Hund ist in kürzester Zeit in der Lage, die individuelle Körpersprache des Menschen zu „lesen". „Die nichtsprachliche Kommunikation zwischen Mensch und Hund ist einer der aktivsten Dialoge zwischen Mensch und Tier überhaupt" (Otterstedt 2001, S. 138). Diese soziale Basis ergibt die Voraussetzung dafür, dass tiergestützte Pädagogik mit dem Hund erfolgreich sein kann.

Grundsätzlich ist jede Hunderasse für den Einsatz in der pädagogischen Arbeit geeignet. Bei ca. 400 verschiedenen Hunderassen fällt die Entscheidung schwer, eine geeignete Auswahl zu treffen. Bisher haben sich immer wieder Hunde, die ein ruhiges und anhängliches Wesen haben, profiliert. Sehr gerne wird der Golden - Retriever oder der Labrador - Retriever als Therapiehund eingesetzt. Diese beiden Hunderassen sind für ihren ausgeglichenen Charakter bekannt und besitzen keinen ausgeprägten Beschützerinstinkt, der im Notfall eine Hilfe für den Klienten unterbinden würde.

Der Hund muss sehr gut ausgebildet sein, damit er in seinem pädagogischen Einsatz ein Feingefühl für sein Gegenüber bekommt. Der Hund muss im Körperkontakt sehr sensibel sein. Es ist zu vermeiden, dass der Hund den Menschen anspringt oder in irgendeiner anderen Art und Weise bedrängt. Je umsichtiger der Hund im Umgang mit dem Menschen ist, desto größer ist die Wahrscheinlichkeit, dass der Hund erst den Menschenkontakt sucht, wenn er durch den Menschen dazu aufgefordert wird (vgl. Otterstedt 2001, S. 140 - 141).

Gerade in der Kinder- und Jugendhilfe ist der Einsatz von Hunden zu pädagogischen Zwecken sehr sinnvoll. Wenn Kinder oder Jugendliche keine schlechten Erfahrungen mit Hunden gemacht haben, sind sie von Natur aus neugieriger und unvoreingenommener gegenüber Hunden als Erwachsene. Wächst ein Kind mit einem Hund auf, kann es seine Empathie und sein Verantwortungsbewusstsein besser entwickeln. „Kinder gedeihen besser, wenn ihnen ein Tier als Gefährte beigestellt wird: als Identifikationssymbol, als Tröster oder als unbestechlicher und konsequenter Erzieher. Kinder, die mit Haustieren aufwachsen, zeigen mehr Verantwortungsgefühl, Einfühlungskraft und Mitleid" (Greiffenhagen/ Buck - Werner 2015, S. 25). In schwierigen Lebensphasen sieht das Kind in dem Hund einen Freund und einen Seelentröster. „However, research has identified numerous roles that animals can take in providing social support" (Fine/ Weaver 2010, S. 134). Weiterhin wird die pädagogische Arbeit den Sozialarbeitern durch die Anwesenheit eines Hundes erleichtert. Kinder sind zugänglicher für das Spiel, was mit einem Hund sehr gut umgesetzt werden kann. Durch den spielerischen Umgang kann der Sozialarbeiter einen leichteren Zugang zu dem Kind finden und seine pädagogische Arbeit individuell auf das Kind abstimmen (vgl. Otterstedt 2001, S. 46 - 50).

4.3 Wirkung des Hundes auf den Menschen

„Bindungs- und fürsorgeartige Beziehungen zu Tieren scheinen in der Lage zu sein, das menschliche Oxytocin - System zu aktivieren. Hierdurch werden beziehungsfördernde, sowie angst- und stressreduzierende Effekte ausgelöst, die es Pädagogen wesentlich erleichtern, Beziehungen zu Personen herzustellen, die das sonst kaum zulassen würden" (Julius et. al. 2014, S. 184). Die Herstellung einer Bindung ist für das pädagogische Setting von großer Wichtigkeit. Nur wenn für die Kinder und Jugendlichen eine Bindungsperson zur Verfügung steht, der sie vertrauen können, sind diese in der Lage, ihre Umwelt weiter, und vor allem stressfrei, zu erkunden. Ein offener Kontakt zu einem Hund begünstigt das Vertrauen zu anderen Menschen und fördert das Sozialverhalten des Menschen. An dieser Stelle kann der Hund als sehr guter „Vermittler" fungieren (vgl. Julius et. al. 2014, S. 184 - 189).

Soll die Bindungstheorie nach Bowlby jetzt auf die Mensch - Hund - Beziehung übertragen werden, so muss diese Beziehung ebenfalls einigen Merkmalen, aus wissenschaftlicher Sicht, standhalten. Der Hund muss diverse Kriterien erfüllen, um als eine sichere Bindungsfigur gelten zu können. Als erstes Kriterium wird angeführt, dass der Hund in der Lage ist, dem Menschen zuverlässig Trost zu spenden. In stressigen Situation muss der Hund als „sichere Basis" dienen, so dass der Mensch psychisch und physisch zur Ruhe kommen kann. Die Nähe des Hundes erzeugt bei dem Menschen positive Gefühle. Soll der Hund als Bindungsfigur dienen und erfolgt eine Trennung dieser Konstellation, stellen sich beim Menschen negative Gefühle ein. Weiterhin erlaubt der Hund dem Klienten einen wohltuenden Körperkontakt. Sozialarbeitern sind dahingehend Grenzen gesetzt (vgl. Julius et. al. 2014, S. 184 – 189).

Im Zusammenhang mit der Salutogenese wird von einem Prozess der Wiederherstellung bzw. der Aufrechterhaltung von Gesundheit gesprochen. Physisch gesehen ist es unter Umständen möglich, den Zustand, z. B. vor einer Verletzung, wiederherzustellen. Erleidet ein Mensch eine psychische Verletzung, kann diese dramatische Folgen für das weitere Leben mit sich bringen. In diesem Sinne ist von Wiederherstellung nicht zu sprechen.

Im Sinne der Resilienz soll der Mensch aus der „Verwundung" seine Stärke ziehen. „Das Leiden - wird es in einer heilenden Beziehung angenommen - kann sogar zu einem bedeutsamen psychischen Symbol werden, das Entwicklung ermöglicht" (Olbrich/ Otterstedt 2003, S. 60). Für diese Art der resilienten Entwicklung ist der Mensch auf seinen „inneren Heiler" angewiesen. Um diesen aktivieren zu können, muss die Motivation für den Klienten attraktiv gestaltet werden. Der Einsatz eines Hundes dient hier als optimales Beispiel, sofern der Klient die Anwesenheit des Hundes befürwortet. Die alleinige Anwesenheit eines Hundes heilt keine Krankheit. Vielmehr geht es um die Impulse, die ein Hund setzen kann, wenn Mensch und Hund miteinander interagieren. Der heilende Prozess kann in Gang gesetzt werden, wenn Mensch und Hund ohne Zwang aufeinander treffen. In wissenschaftlichem Sinne wird an dieser Stelle von einer „freien Begegnung zwischen Mensch und Hund" gesprochen. „Die durch die Begegnung mit dem Tier herbeigeführten Impulse beeinflussen unsere körperlichen, seelischen, geistigen und sozialen Kräfte" (Olbrich/ Otterstedt 2003, S. 61). Im Setting der pädagogischen Arbeit ist die „freie Begegnung zwischen Mensch und Hund" als zielorientiert zu betrachten (vgl. Olbrich/ Otterstedt 2003, S. 58 - 65).

4.4 Zwischenfazit

Die in Kapitel drei bereits festgestellte Erkenntnis, dass der Hund als eine sichere Basis und damit als ein verlässlicher Bindungspartner für den Mensch gilt, wird in diesem Kapitel durch die positive Wirkung des Hundes auf den Menschen ergänzt. Die tiergestützte Pädagogik profitiert in einem großen Ausmaß von der stress- und angstreduzierenden Wirkung, die die Anwesenheit eines Hundes im pädagogischen Setting mit sich bringt. Aufgrund der Tatsache, dass es im Wesen des Hundes liegt, sich dem Menschen unterordnen zu wollen und es dem Hund leicht fällt, sich in kurzer Zeit auf den Mensch einstellen zu wollen, eignet sich der Hund sehr gut als Begleiter in der tiergestützten Pädagogik. Durch die gemeinsame soziale und emotionale Basis zwischen Mensch und Hund findet ein Sozialarbeiter mit der unterstützenden Arbeit des Hundes einen leichteren Zugang zu seinen Klienten und es entsteht ein beziehungsförderndes Umfeld. Allein der ständige Körperkontakt, der zwischen Hund und Klient möglich ist, kann als großer Vorteil angesehen werden. Der Hund ist durch seine Anwesenheit in der Lage, bei dem Klienten die nötige Motivation zu erzeugen, damit dieser seinen „inneren Heiler" aktivieren kann. Durch sein Lebendiges bringt der Hund die intendierte heilende Wirkung mit sich. Die in Kapitel 3.2 beschriebene „Du – Evidenz" ist die Grundlage, dass der Klient sich durch das Du (den anwesenden Hund) als wahrgenommen fühlen kann.

5 Kinder- und Jugendhilfe

In diesem Kapitel wird zu Beginn die Entwicklung der Kinder- und Jugendhilfe, inklusive des Leitbildes und der Handlungskonzepte, historisch hergeleitet. Es werden die wichtigsten gesetzlichen Grundlagen erläutert. Exemplarisch werden die Heimerziehung und die Inobhutnahme skizziert. Diese Beispiele sollen die Hypothese unterstützen, dass ein Kind aufgrund der Trennung von seiner Familie mit einer negativen Bindungserfahrung, im bowlbischen Sinne, konfrontiert werden kann.

5.1 Historische Entwicklung

Im Laufe ihrer Entwicklung wird die Kinder - und Jugendhilfe durch eine Vielzahl von sich gegenseitig beeinflussenden Faktoren geprägt. Das gesellschaftliche und politische Interesse sind als zwei der bedeutendsten Einflussgrößen zu nennen. Weiterhin sind ökonomische Zwänge, wie z. B. der Kapitalismus, geistige Strömungen, wie z. B. die Zeit der Aufklärung und nicht zuletzt der soziale Wandel als determinierende Faktoren der Kinder- und Jugendhilfe zu nennen. Die oben beschriebenen Determinanten lassen die Kinder - und Jugendhilfe als eine gewordene und damit prinzipiell veränderbare Institution erscheinen.

Die Anfänge der heutigen Kinder - und Jugendhilfe reichen bis weit in das 13. Jahrhundert zurück. Zu dieser Zeit werden sogenannte Findel - und Waisenhäuser von kirchlichen Institutionen eingerichtet. Diese Art der Unterbringung ist der Grundstein für die heutige Form der Fremdunterbringung. In der damaligen Zeit wird die Betreuung der elternlosen Kinder mit dem Begriff der Kinderfürsorge geprägt. Ein grundlegendes Merkmal der damaligen Kinderfürsorge ist, dass sich die Betreuung der Kinder nur auf ihre Versorgung beschränkt. Den Waisen eine pädagogische Erziehung zu vermitteln, ist zu dem Zeitpunkt noch nicht etabliert.

Im 17. Jahrhundert gründen sich die ersten Zucht - und Arbeitshäuser. Neben der ehemals alleinigen Verwahrung der Kinder steht jetzt die Ausbeutung ihrer Arbeitskräfte im Vordergrund.

Erst als Jean - Jaques Rousseau Mitte des 18. Jahrhunderts die Eigenständigkeit und das Recht des Kindes formuliert, deutet sich ein erster Wandel der Kinderfürsorge an. Mit der Industrialisierung im 19. Jahrhundert geht das staatliche Interesse an der Kinderfürsorge stark zurück. Als Reaktion darauf bilden sich vermehrt private und kirchliche Einrichtungen, die die Kinderfürsorge übernehmen und versuchen, die sozialen Probleme aufzufangen, die die industrielle Revolution zu diesem Zeitpunkt mit sich bringt.

Einen weiteren Meilenstein in der Kinderfürsorge setzt Johann Heinrich Wichern, der im Jahr 1833 die erste sozialpädagogische Ausbildungsstätte gründet: das „Rauhe Haus" in Hamburg. Hier etabliert Wichern neue pädagogische Ansätze. Er befürwortet eine familienähnliche Umgebung in den Anstalten, verbindet theoretische und praktische Ausbildung miteinander und setzt darauf, dass die Freizeitgestaltung in den Erziehungsprozess der Kinder integriert wird. Daran anknüpfend geht die Gründung des ersten Kindergartens im Jahr 1840 auf Friedrich Fröbel zurück. Aufbauend auf den pädagogischen Ansätzen Wicherns, steht jetzt „die allseitige Entwicklung der kindlichen Persönlichkeit im Mittelpunkt" (Jordan/ Münder 2005, S. 26). Erste wissenschaftlich fundierte Konzepte nehmen ihren Einfluss auf die Erziehungsmethoden.

Zu Beginn des 20. Jahrhunderts sind die Anfänge der institutionalisierten Kindererziehung etabliert.

Einen gravierenden Einbruch erleben diese Fortschritte mit dem Nationalsozialismus. In dieser Zeit werden alle bisherigen sozialen Einrichtungen und Träger der Jugendfürsorge gleichgeschaltet. Der Nationalsozialismus verlangt eine in seinem Sinne einheitliche und indoktrinierende Jugendfürsorge.

Erst mit dem Niedergang des nationalsozialistischen Staates gewinnt die Jugendfürsorge wieder an Aufschwung. Das ursprüngliche deutsche Reichsgesetz für Jugendwohlfahrt wird 1961 in das Jugendwohlfahrtsgesetz umbenannt. Dieses bildet wiederum die Grundlage für das heutige Kinder- und Jugendhilfegesetz.

Die Kinder - und Jugendhilfe in ihrer heutigen Form lässt sich der Sozialpädagogik unterordnen. Unter anderem interessiert sich die Sozialpädagogik dafür, wie die heranwachsende Generation mit all ihren Belangen gesellschaftlich integriert werden kann. Dieser pädagogische Leitfaden wird über die letzten Jahre hinweg immer bedeutender. Die Kinder und Jugendlichen der heutigen Zeit haben eine Vielzahl an Möglichkeiten, ihr Leben individuell zu gestalten. Des Weiteren hat sich das klassische Familienbild geändert. Dies führt wiederum dazu, dass die Aufgaben, die früher von der Familie übernommen wurden, anderweitig aufgefangen werden müssen, um eine soziale und emotionale Benachteiligung der Kinder und Jugendlichen zu verhindern (vgl. Jordan/ Münder 2005, S. 11 - 58).

5.2 Leitbild und Handlungsprinzipien

Die Aussage: „Jeder junge Mensch hat ein Recht auf Förderung seiner Entwicklung und auf Erziehung zu einer eigenverantwortlichen und gemeinschaftsfähigen Persönlichkeit" (Kunkel/ Kepert 2016a, S. 43) bildet die Grundlage der Kinder - und Jugendhilfe. Im Wesentlichen baut die Kinder- und Jugendhilfe auf drei Säulen auf.

Ihr wird eine allgemeinerzieherische Aufgabe zugeschrieben. Sie bemüht sich darum, das Entwicklungspotenzial der Kinder und Jugendlichen zu fördern. Hierzu macht sich die Kinder - und Jugendhilfe die pädagogisch unterstützenden und familienergänzenden Angebote, wie Kindergärten oder Jugendeinrichtungen, zunutze. Gezielte Maßnahmen sollen soziale Defizite verringern bzw. verhindern.

Werden bei jungen Menschen und ihren Familien Schwierigkeiten, z. B. die Erziehung betreffend, erkannt so greift die Kinder - und Jugendhilfe mit pädagogischen und wirtschaftlichen Leistungen direkt ein. In diesen Bereich fällt der sogenannte staatliche Schutzauftrag der Kinder - und Jugendhilfe. Um diesem staatlichen Schutzauftrag gerecht werden zu können, bedient sich die Kinder - und Jugendhilfe der Instrumente, die unter die Hilfe zur Erziehung fallen.

Letztlich wirkt die Kinder - und Jugendhilfe auch anwaltlich - politisch. Sie kann durch öffentliche Fachdiskurse oder durch die Beeinflussung der Sozialpolitik auf gesetzgeberische Verfahren, im Sinne und Interesse der Kinder und Jugendlichen, einflussnehmend agieren. Als Erweiterung zu den oben genannten Hauptsäulen und dem damit verbundenen Leitbild der Kinder - und Jugendhilfe, ergänzt sich diese durch ihre Handlungsprinzipien. Zusammengefasst werden diese unter den Oberbegriff der „Lebensweltorientierung". „Dieses Konzept wird durch Strukturmaximen wie Prävention, Regionalisierung, Alltagsorientierung, Partizipation und Integration bestimmt" (Jordan/ Münder 2005, S. 14).

Im Bereich der Prävention erhalten die Kinder und Jugendlichen bei schwirigen Lebensereignissen Unterstützung und werden dazu befähigt, sich stabile Lebensverhältnisse aufzubauen.

Im Zusammenhang mit der Regionalisierung wird darauf geachtet, dass die Kinder - und Jugendhilfe in lokalen Strukturen operiert und dazu beiträgt, dass diese sich weiter etablieren können. Der Fokus der Hilfe soll auf die individuellen Bedürfnisse der Klienten gerichtet sein und stets den Alltag der Kinder und Jugendlichen mit berücksichtigen. Die Klienten werden dementsprechend ganzheitlich in ihrem sozialen Umfeld betrachtet. Hinter dieser Maxime verbirgt sich der Begriff der

Alltagsorientierung. Die Partizipation geht davon aus, dass die Klienten selber am besten wissen, welche Hilfe sie benötigen. Vor diesem Hintergrund sorgt die Kinder - und Jugendhilfe dafür, dass ihre Klienten am Hilfeprozess aktiv beteiligt werden und ihnen ein Mitspracherecht zugesprochen wird.

Mit dem Prinzip der Integration versucht die Kinder - und Jugendhilfe zu vermeiden, dass Kinder und Jugendliche ungleich behandelt werden. Es muss in diesem Sinne gewährleistet sein, dass alle Hilfsangebote so konzipiert sind, dass auch Klienten mit einem erhöhten Hilfebedarf integriert werden können (vgl. Jordan/ Münder 2005, S. 12 - 14).

5.3 Gesetzliche Grundlagen

Der Kinder- und Jugendhilfe obliegt ein komplexer Auftrag. Diese Komplexität des Auftrags ergibt sich aus der Anerkennung von Kindern und Jugendlichen als eigenständige Subjekte, die im Kontext der elterlichen Erziehungsverantwortung stehen, sowie des daraus resultierenden staatlichen Wächteramtes. Diese Konstellation lässt ein Beziehungsgeflecht zwischen Kindern und Jugendlichen, Eltern und Staat entstehen. Die Kinder- und Jugendhilfe hebt als Leitziel ganz klar den Schutz von Kindern und Jugendlichen hervor. Vorrangiges Ziel der Kinder- und Jugendhilfe ist es, die Minderjährigen vor Gefahren zu beschützen, die ihr körperliches, seelisches und geistiges Wohl beeinträchtigen (vgl. Bringewat 2016, S. 134 - 135). Nachfolgend werden die wichtigsten Paragraphen skizziert, die im Zusammenhang mit dem oben beschriebenen Auftrag der Kinder- und Jugendhilfe stehen.

Staatliches Wächteramt und staatlicher Schutzauftrag

Inhalt des sechsten Artikels des deutschen Grundgesetzes (GG) ist das staatliche Wächteramt. Es stellt die Ehe und die Familie unter den besonderen Schutz der staatlichen Ordnung. Der Artikel postuliert, dass die Erziehung eines Kindes ein natürliches Recht der Eltern darstellt. An dieser Stelle wacht der Staat darüber, dass die Eltern ihr vorrangig eingeräumtes Recht zum Wohl und zum Schutz des Kindes wahrnehmen. Das Elternrecht wird dahingehend weiter gestärkt, dass nur aufgrund einer gesetzlichen Grundlage ein Kind gegen den Willen der Eltern von der Familie getrennt werden darf. Dies geschieht nur unter der Voraussetzung, wenn die Eltern in ihrer Erziehungskompetenz versagen oder aus anderen Gründen eine Gefahr für das Wohl des Kindes besteht (vgl. Bundesamt für Justiz o. J. (c), online). „Vor dem Hintergrund spektakulärer Fälle von Kindeswohlgefährdung mit z. T. gravierenden (Todes-) Folgen und einer Reihe von Strafverfahren gegen Sozialarbeiter/innen in der Kinder- und Jugendhilfe erschien es dem Gesetzgeber daher geboten, den (staatlichen) Schutzauftrag der Kinder- und Jugendhilfe bei Kindeswohlgefährdung zu konkretisieren und eindeutig zu formulieren [...]" (Bringewat 2016, S. 135).

Durch die Einführung des Paragraphen 8a des achten Sozialgesetzbuches (SGB VIII) „Schutzauftrag bei Kindeswohlgefährdung" bekommt der in Art. 6 GG formulierte Schutzauftrag der Kinder- und Jugendhilfe eine nachdrückliche Bedeutung. Der Paragraph 8a SGB VIII untermauert die immanente Schutzfunktion der Kinder- und Jugendhilfe. Der Gesetzgeber setzt damit voraus, dass die kindeswohlschützende Rolle der Kinder- und Jugendhilfe keineswegs mehr zweifelhaft ist (vgl. Bringewat 2016, S. 135 - 136). Durch diesen expliziten Schutzauftrag gegenüber Kindern und Jugendlichen unterscheidet sich das SGB VIII von allen anderen Sozialgesetzbüchern. Der Paragraph 8a SGB VIII bildet somit die Operationalisierung, wie bei gewichtigen Anhaltspunkten einer Kindeswohlgefährdung vorzugehen ist. Des Weiteren ermöglicht er durch das Informationsbeschaffungsrecht und die Informationsbeschaffungspflicht, dass das Jugendamt Zugang zu allen wichtigen Daten erhält (vgl. Mann 2017a, S. 88).

5.3.1 Kindeswohlgefährdung als unbestimmter Rechtsbegriff

„Der Begriff der Gefährdung des Kindeswohls (Kindeswohlgefährdung) ist nicht gesetzlich definiert" (Mann 2017a, S. 95). Das Gesetz gibt an dieser Stelle gewichtige Anhaltspunkte vor, die es bei der Einschätzung einer Kindeswohlgefährdung zu beachten gilt. „Diese Risikoeinschätzung ist nach den Vorstellungen des Gesetzgebers entsprechend den ,Empfehlungen des Deutschen Städtetags zur Festlegung fachlicher Verfahrensstandards in den Jugendämtern bei akut schwerwiegender Gefährdung des Kindeswohls' vorzunehmen" (Mann 2017a, S. 97).

Für die Einschätzung der Kindeswohlgefährdung sind zukünftige denkbare Bedingungen nicht von Wichtigkeit. Es zählen allein die gegenwärtigen Bedingungen. Im Gesetzestext heißt es dazu: „Gewichtige Anhaltspunkte für eine Kindeswohlgefährdung liegen vor, wenn dem Jugendamt konkrete Hinweise oder ernstzunehmende Vermutungen für einen bereits eingetretenen Schaden oder eine gegenwärtige Gefahr [...] für das körperliche, geistige oder seelische Wohl eines Minderjährigen bekannt werden" (Mann 2017a, S. 95). Im Sinne dieser Definition kann es sich dabei um direkte Handlungen gegen die Minderjährigen oder um deren Lebensumstände handeln. Zurückzuführen sind diese Handlungen auf die Personensorgeberechtigten oder auf andere Dritte.

Um ein Tätigwerden des Jugendamtes zu initiieren, müssen keine konkreten Tatbestände vorliegen. Es reichen präzise Äußerungen Dritter, anonyme Hinweise an das Jugendamt oder eigene Erkenntnisse des Jugendamtes aus, um dem Verdacht einer Kindeswohlgefährdung nachgehen zu müssen. Kommt das Jugendamt diesen Hinweisen nicht nach, macht es sich in diesem Falle strafbar (vgl. Mann 2017a S. 95 - 96).

Werden dem Jugendamt Sachverhalte bezüglich einer möglichen Kindeswohlgefährdung mitgeteilt, so muss es im Zusammenwirken mehrerer Fachkräfte das Gefährdungsrisiko für das Wohl des Kindes abschätzen. Kommt das Jugendamt zu der Erkenntnis, dass keine akute Gefährdung des Kindeswohls vorliegt, werden die Personensorgeberechtigten sowie das Kind oder der Jugendliche zu der Einschätzung des Gefährdungsrisikos hinzugezogen. Auf diese Weise verschafft sich das Jugendamt einen Eindruck über die aktuellen Lebensumstände des Kindes oder des Jugendlichen.

Wenn das Jugendamt geeignete Hilfen für angebracht hält, um die Gefährdung abzuwenden, so hat das Jugendamt diese den Personensorgeberechtigten umgehend anzubieten. Ist das Jugendamt der Meinung, dass eine Notwendigkeit besteht, das Familiengericht zur Klärung des Gefährdungsrisikos hinzuziehen zu müssen, so hat es dieses umgehend über den Sachverhalt in Kenntnis zu setzen. Weiterhin ist dieses Vorgehen notwendig, wenn die Personensorgeberechtigten nicht bereit oder in der Lage sind, an der Abwendung der Gefahr mitzuwirken.

Ist Gefahr unmittelbar im Verzug oder kann die Entscheidung des Familiengerichts nicht abgewartet werden, muss das Jugendamt das Kind oder den Jugendlichen unverzüglich in Obhut nehmen. Tritt eine Situation ein, in der das Gefährdungsrisiko nur mit Hilfe von anderen zuständigen Stellen gemindert werden kann, z. B. unter Einschaltung der Polizei, muss das Jugendamt diese Stellen sofort informieren.

Neben der Abwendung des Gefährdungsrisikos ist das Jugendamt verantwortlich für eine reibungslose Zusammenarbeit mit den Trägern und Einrichtungen, die Leistungen nach dem SGB VIII erbringen. Das Jugendamt stellt sicher, dass die Fachkräfte, die an einem entsprechenden Fall mit Bekanntwerden einer Gefährdungssituation arbeiten, sich selber einen Eindruck über diese Situation verschaffen können. Letztendlich hat das Jugendamt, in Zusammenarbeit mit den erfahrenen Fachkräften, auf die Inanspruchnahme von erzieherischen Hilfen seitens der Personensorgeberechtigten hinzuarbeiten (vgl. Mann 2017a, S. 83 - 84).

Im Paragraphen 1666 des Bürgerlichen Gesetzbuches (BGB) sind die gerichtlichen Maßnahmen, die bei einer Kindeswohlgefährdung zu ergreifen sind, definiert. Das Familiengericht ist im Sinne des Paragraphen 1666 BGB dazu befugt, die Maßnahmen zu treffen, die zu einer Abwendung der Kindeswohlgefährdung beitragen. Dazu zählen unter anderem öffentliche Hilfen, wie die Kinder- und Jugendhilfe, in Anspruch zu nehmen. Sind die Personensorgeberechtigten nicht in der Lage oder willens, für die Erfüllung der Schulpflicht zu sorgen, darf das Familiengericht laut Gesetz Gebote aussprechen, um dieser Aufgabe nachzukommen. Weiterhin ist das Familiengericht per Gesetz dazu befugt, bestimmten Personen den Umgang mit einem Minderjährigen zu versagen oder das Aufsuchen des Wohnortes eines Minderjährigen zu unterbinden. In letzter Konsequenz obliegt es dem Familiengericht, die elterliche Sorge teilweise oder vollständig zu entziehen (vgl. Bundesamt für Justiz o. J. (a), online).

Der Paragraph 1666a BGB regelt den Grundsatz der Verhältnismäßigkeit. Dies bedeutet, dass bei einer Kindeswohlgefährdung den öffentlichen Hilfen stets Vorrang gewährt werden muss, bevor ein Kind von der Familie getrennt wird. Ist mit Unterstützung der öffentlichen Hilfen eine Gefahr nicht abzuwenden, so ist die Trennung des Kindes von der Familie als letzte Konsequenz auf der Grundlage dieses Paragraphen vorzunehmen. Ebenfalls bezieht sich der Inhalt des Paragraphen 1666a BGB auf den Entzug der elterlichen Sorge. Im Sinne der Verhältnismäßigkeit darf die Personensorge nur entzogen werden, wenn alle anderen Mittel keinen Erfolg darstellen (vgl. Bundesamt für Justiz o. J. (b), online).

5.3.2 Inobhutnahme

„Die in § 42 SGB VIII geregelte Inobhutnahme ist eine vorläufige Maßnahme zum Schutz von Kindern und Jugendlichen im Krisen- und Gefahrenfall" (Röchling/ Schäfer 2018, S. 40). Im Jahr 2014 werden 48.059 Minderjährige durch die deutschen Jugendämter in Obhut genommen (vgl. Röchling/ Schäfer 2018, S. 41). Für das Jahr 2017 erhöht sich die Zahl auf 61.400 Inobhutnahmen in ganz Deutschland. Circa 60 Prozent der Inobhutnahmen erfolgen aufgrund der Hinweise durch soziale Dienste. Ein Drittel der in Obhut genommen Minderjährigen sind unter 14 Jahren. In dieser Altersgruppe erfolgt die Hälfte aller Inobhutnahmen aufgrund der Überforderung der Personensorgeberechtigten. In der Altersgruppe der 14 - 18 Jährigen ist jede zweite Inobhutnahme der unbegleiteten Einreise von

Flüchtlingen geschuldet (vgl. statistisches Bundesamt o. J., online). Inhaltlich beschreibt der Paragraph 42 SGB VIII die sozialpädagogischen Interventionen des Jugendamtes für den Krisen- und Gefahrenfall für Kinder und Jugendliche. Für das Jugendamt ist die Inobhutnahme in den Aufgabenbereich „andere Aufgaben der Jugendhilfe" unterzuordnen. Laut Paragraph 42 SGB VIII ist das Jugendamt dazu „berechtigt und verpflichtet, ein Kind oder einen Jugendlichen in seine Obhut zu nehmen [...]" (Kepert 2016, S. 519).

Unter den folgenden Bedingungen muss das Jugendamt eine Inobhutnahme durchführen: Wenn Kinder und Jugendliche aus eigenem Antrieb heraus um Obhut bitten. Wenn eine dringende Gefahr für das Wohl des Kindes oder des Jugendlichen in Verzug ist und a) die Personensorgeberechtigten keine Einwände erheben und b) durch das Familiengericht keine rechtzeitige Entscheidung eingeholt werden kann. Wenn unbegleitete minderjährige Flüchtlinge ohne Personensorgeberechtigte nach Deutschland einreisen.

Das Jugendamt muss nach der Inobhutnahme dafür Sorge tragen, dass ein Kind oder ein Jugendlicher „bei einer geeigneten Person, in einer geeigneten Einrichtung oder in einer sonstigen Wohnform vorläufig [untergebracht wird]" (Kepert 2016, S. 519). Dem Kind oder dem Jugendlichen müssen die Möglichkeiten zur Hilfe und Unterstützung aufgezeigt werden und es muss dem Kind oder dem Jugendlichen gewährt werden, eine Person seines Vertrauens unverzüglich über die Inobhutnahme zu informieren.

Von Amts wegen ist das Jugendamt dafür verantwortlich, während der Inobhutnahme für die Gesundheit des Kindes oder des Jugendlichen zu sorgen und den notwendigen Unterhalt sowie die Krankenhilfe zu entrichten. Unter Berücksichtigung des mutmaßlichen Willens des Personensorgeberechtigten ist das Jugendamt angehalten, alle Rechtshandlungen durchzuführen, die zum Wohl des Minderjährigen notwendig sind.

Weiterhin ist das Jugendamt dazu verpflichtet die Situation, die zu einer Inobhutnahme geführt hat, zu klären. Mit Hilfe des Kindes oder des Jugendlichen und der Personensorgeberechtigten wird das Gefährdungsrisiko eingeschätzt. Es besteht die Möglichkeit, dass die Personensorgeberechtigten der Inobhutnahme widersprechen. In diesem Fall stehen dem Jugendamt zwei Möglichkeiten zur Verfügung:

1. Das Jugendamt muss das Kind oder den Jugendlichen den Personensorgeberechtigten unverzüglich übergeben, unter der Voraussetzung, dass eine Gefährdung des Kindeswohls (nach Einschätzung des Jugendamtes) nicht mehr besteht oder die Personensorgeberechtigten sind willens und in der Lage, die Gefahr umgehend zu beseitigen;
2. Das Jugendamt fordert über das Familiengericht eine Entscheidung über die erforderlichen Maßnahmen zum Wohl des Kindes oder des Jugendlichen.

Sind die Personensorgeberechtigten mit der Inobhutnahme einverstanden, so ist sofort ein entsprechendes Hilfeplanverfahren einzuleiten, um die entsprechenden notwendigen Hilfen zu ermöglichen (vgl. Kepert 2016, S. 519).

Die Inobhutnahme hat für die Arbeit des Jugendamtes eine enorme praktische Bedeutung. Sie ist die „einzige eingriffsrechtlich orientierte Aufgabe des Jugendamtes [...]" (Röchling/ Schäfer 2018, S. 40 - 41). Der Paragraph 42 SGB VIII dient als Operationalisierung des in Artikel 6 GG verankerten „Wächteramt des Staates". Grundsätzlich ist den Personensorgeberechtigten gesetzlich nicht vorgeschrieben, wie sie die Erziehung ihres Kindes zu gestalten haben. „Sie können grundsätzlich frei von staatlichem Einfluss nach eigenen Vorstellungen darüber entscheiden, wie sie ihrer Elternverantwortung gerecht werden wollen" (Mann 2017b, S. 373). In der alleinigen Verantwortung der Eltern liegen die Inhalte und Methoden, welche die Eltern zu der Erziehung ihres Kindes für sinnvoll erachten. Verfassungsrechtlich sind den Eltern keine konkreten Erziehungsziele vorgegeben. Der Artikel 6 GG macht allerdings unter dieser freien Handhabe der Erziehung das Wohl des Kindes zur Priorität. Sind die Eltern nicht in der Lage oder nicht willens, dieser Verantwortung Sorge zu tragen, so kommt das bereits erwähnte „Wächteramt des Staates" zum Tragen. Da der Staat immer der elterlichen Erziehung den Vorrang geben muss, kann dieser nicht gegen den Willen der Eltern eingreifen, wenn aus seiner Sicht nicht alles Mögliche für die beste Entwicklung des Kindes getan wird. Aus diesem Grund muss das elterliche Versagen von so großem Ausmaß sein, dass der weitere Verbleib des Kindes in der Familie aller Wahrscheinlichkeit nach mit einer erheblichen Gefährdung des geistigen, seelischen oder körperlichen Wohls des Kindes einhergeht (vgl. Mann 2017b, S. 373 - 374).

5.4 Hilfe zur Erziehung

„Jeder junge Mensch hat ein Recht auf Förderung seiner Entwicklung und auf Erziehung zu einer eigenverantwortlichen und gemeinschaftsfähigen Persönlichkeit" (Kunkel/ Kepert 2016a, S. 43).

5.4.1 Gesetzliche Grundlage

Der Inhalt des Paragraphen 27 SGB VIII „Hilfe zur Erziehung" richtet sich an die Personensorgeberechtigten. Diese haben „bei der Erziehung eines Kindes oder eines Jugendlichen Anspruch auf Hilfe (Hilfe zur Erziehung), wenn eine dem Wohl des Kindes oder des Jugendlichen entsprechende Erziehung nicht gewährleistet ist und die Hilfe für seine Entwicklung geeignet und notwendig ist" (Kunkel/ Kepert 2016b, S. 333). Das Gesetz gibt vor, dass sich die Art und der Umfang der Hilfe am individuellen Einzelfall orientieren sollen. Dabei ist das soziale Umfeld des Minderjährigen mit einzubeziehen. Vorrangig soll die erzieherische Hilfe im Inland erfolgen und darf nur im Ausland erbracht werden, wenn dies der Erreichung des Hilfeziels dient. Inhaltlich umfasst die Hilfe zur Erziehung pädagogische Leistungen. Damit per Gesetz eine Hilfe zur Erziehung gewährt wird, müssen bestimmte Tatbestandsvoraussetzungen erfüllt sein: Einerseits muss derzeit eine dem Wohl des Kindes nicht entsprechende Erziehung vorliegen und andererseits muss die Hilfe zur Erziehung geeignet und notwendig sein. Letztlich muss der Personensorgeberechtigte mit der Hilfe zur Erziehung einverstanden sein (vgl. Kunkel/ Kepert 2016b, S. 333).

5.4.2 Heimerziehung

Die Heimerziehung ist in dem Paragraphen 34 SGB VIII definiert und fällt laut Definition unter die Hilfe zur Erziehung. Die Heimerziehung kann über Tag und Nacht in einer geeigneten Einrichtung sowie einer anderen betreuten Wohnform erfolgen. Bei der Heimerziehung geht es darum, das Alltagsleben der Kinder und Jugendlichen mit pädagogischen und therapeutischen Angeboten zu verbinden. Unter ständiger Berücksichtigung des individuellen Entwicklungsstandes des Kindes oder des Jugendlichen soll die Heimerziehung drei Ziele verfolgen: Es soll versucht werden, eine Rückkehr in die Herkunftsfamilie zu erreichen. Ist dies nicht möglich, soll das Kind oder der Jugendliche darauf vorbereitet werden, in einer Pflegefamilie unterzukommen. Ist auch dies nicht realisierbar, wird als letzte Möglichkeit eine dauerhafte Unterbringung in der Einrichtung, mit der Vorbereitung auf ein eigenständiges Leben, angestrebt. Die Kinder und Jugendlichen, die in einem Heim oder einer sonstigen betreuten Wohnform leben, sollen bei ihrer Lebensführung durch die pädagogischen Fachkräfte eine Unterstützung erhalten (vgl. Nonninger 2016, S. 382 - 383). Wenn andere unterstützende Maßnahmen der Kinder- und Jugendhilfe nicht mehr ausreichen, um eine Kindeswohlgefährdung abzuwenden, ist die Leistung der Heimerziehung nach Paragraph 34 SGB VIII zu gewähren. Unter der Berücksichtigung des Paragraphen 1666a BGB „Grundsatz der Verhältnismäßigkeit" (Bundesamt für Justiz o. J. (b), online) hat das Jugendamt im Vorfeld zu prüfen, ob das Kind oder die Jugendliche bei anderen Familienmitgliedern untergebracht werden kann, bevor eine Heimerziehung veranlasst wird. Je nach Inhalt des individuellen Hilfeplans des Kindes oder des Jugendlichen ist die Heimerziehung oft zeitlich begrenzt und kann bis zum Eintritt in die Volljährigkeit gewährt werden. Laut Gesetz ist die Heimerziehung ein Synonym für „Erziehung in einer Einrichtung über Tag und Nacht" (Fischer 2017, S. 278). Der Begriff „Heim" ist inhaltlich sehr differenziert gefüllt. Als „Heim" kann laut Gesetz ein Erziehungsheim, eine heilpädagogische Einrichtung, ein Kinder- und Jugenddorf oder ein Heim für Menschen mit einer Behinderung gelten. Voraussetzung hierfür ist, dass die Heime eine Betriebserlaubnis im Sinne des Paragraphen 45 SGB VIII „Erlaubnis für den Betrieb einer Einrichtung" besitzen (vgl. Fischer 2017, S. 277 - 279).

5.5 Zwischenfazit

Die historische Entwicklung der Kinder- und Jugendhilfe zeigt deutlich auf, dass diese diversen Einflussfaktoren unterliegt und sich dem sozialen Wandel ständig anpassen muss. Oberstes Gebot der Kinder- und Jugendhilfe bleibt dennoch der Schutz der Minderjährigen. Mit Hilfe der Kinder- und Jugendhilfe soll für die Heranwachsenden unserer Gesellschaft das Recht auf die Förderung ihrer persönlichen Entwicklung durchgesetzt werden. Um dieses Recht durchsetzen zu können, muss in einigen Fällen zu den drastischsten Maßnahmen gegriffen werden, die die Kinder- und Jugendhilfe zu leisten im Stande ist: Die Inobhutnahme oder die Heimerziehung. Wenn der Verbleib in seiner Herkunftsfamilie für ein Kind mit gravierenden psychischen oder physischen Folgen einzuschätzen ist, so ist die Trennung des Kindes von seinen primären Bindungspersonen als unumgänglich anzusehen. Die in Kapitel 3.5 skizzierte Bindungstheorie legt dar, mit welchem Ausmaß eine Trennung für ein Kind einhergehen kann. Wird ein Kind in Obhut genommen, verliert es seine Bindungsfigur für eine unbestimmte Zeit. Auch im Kontext der Heimerziehung muss sich ein Kind immer wieder auf neue

Bindungspersonen einstellen. Selbst wenn ein vertrauter Sozialarbeiter einem Kind als primäre Bindungsperson dient, ist dieser nicht in ständiger Bereitschaft, also 24 Stunden am Tag und 7 Tage die Woche, für das Kind greifbar. Nicht selten gelten Heimkinder als schwer erziehbar oder werden mit auffälligem devianten Verhalten assoziiert. Diese Devianz des Kindes ist auf die Protestreaktion in Folge der Trennung von seiner primären Bindungsperson zurückzuführen. Die anfangs aufgestellte Hypothese, dass Heimkinder und/ oder in Obhut genommene Kinder zu einer negativen Bindungserfahrung tendieren, wird an dieser Stelle verifiziert.

6 Grenzen der tiergestützten Pädagogik in der Sozialen Arbeit

Die Liste der Gründe, die gegen den Einsatz von Hunden in der pädagogischen Arbeit sprechen, wird von der Angst der übertragbaren Krankheiten, den sogenannten Zoonosen, angeführt. Als ein weiterer Grund wird sehr oft die mit dem Hund in Verbindung gebrachte mangelnde Hygiene aufgeführt. Um diese Argumente zu entkräften, ist es sinnvoll, dass Human- und Veterinärmediziner eine enge Zusammenarbeit leisten, wenn Hunde in der pädagogischen Arbeit eingesetzt werden sollen (vgl. Greiffenhagen/ Buck - Werner 2015, S. 209 - 210). „Das Risiko, eine zoonotische Infektion zu bekommen, ist definitiv geringer zu bewerten als die zahlreichen positiven emotionalen und gesundheitlichen Wirkungen, die Haustiere auf Menschen haben" (Greiffenhagen/ Buck - Werner 2015, S. 232).

Der Einsatz von Hunden in der pädagogischen Arbeit erfordert ein Bewusstsein für den Umgang mit der Hygiene. Besucht ein Hund z. B. eine stationäre Einrichtung der Kinder- und Jugendhilfe, muss im Vorfeld geklärt werden, ob es Kinder oder Jugendliche gibt, die an einer Hundehaarallergie leiden. Weiterhin muss darauf geachtet werden, ob Kinder anwesend sind, die von einer Abwehrschwäche des Immunsystems betroffen sind und daher anfälliger für Krankheiten sein können. Unumgänglich erscheint an dieser Stelle die Gesundheit des Hundes. Der Hund muss sich in einem gesunden Grundzustand befinden, muss entwurmt und geimpft sein. Es muss sichergestellt sein, dass der Hund, zum Zeitpunkt seines Einsatzes, frei von Flöhen und Zecken ist. Um Verletzungen durch eventuelles Kratzen oder Schnappen zu vermeiden, muss der Sozialarbeiter sicherstellen, dass auch die Klienten einen fachgerechten Umgang mit dem Hund erlernen (vgl. Otterstedt 2001, S. 123 - 125).

Setzt ein Sozialarbeiter den Hund als „social worker on four paws" ein, muss sichergestellt sein, dass zwischen ihnen eine vertrauensvolle Verbindung besteht. „Denn nur in einer guten Beziehung kann sich der Pädagoge oder Therapeut darauf verlassen, dass sein Therapietier das Kind nicht gefährdet" (Julius et. al. 2014, S. 191). Der Fokus des Sozialarbeiters soll während seiner Arbeit auf das Kind oder den Jugendlichen gerichtet sein. Er muss sich darauf verlassen können, dass der Hund den pädagogischen Prozess nicht negativ beeinflusst. Daher ist es wichtig, dass der Hund außerhalb der fordernden pädagogischen Settings artgerechten Aktivitäten nachgehen kann. Auf diese Weise wird gewährleistet, dass die Beziehung zwischen ihm und seiner primären Bindungsfigur, auch in belastenden Situationen, stabil bleibt (vgl. Julius et. al.2014, S. 191). Es muss nicht nur der Klient vor möglichen Risiken durch den Hund geschützt werden, sondern ebenso der

Hund vor Risiken, die durch den Menschen entstehen können. Es ist unbedingt zu vermeiden, dass der Hund entgegen den Tierschutzbestimmungen als reines Objekt in der tiergestützten Pädagogik ausgenutzt wird und seine eigenen Bedürfnisse vernachlässigt werden.

Eine weitere Besonderheit, die die pädagogische Arbeit mit dem Hund mit sich bringt, ist, dass ein Klient durch die Anwesenheit des Hundes eine erhöhte Vulnerabilität zeigen kann. Der Hund aktiviert durch seine Anwesenheit das Oxytocinsystem des Menschen. Dadurch kann bei dem Klienten die Bereitschaft entstehen, sich anderen Menschen gegenüber öffnen zu wollen und somit werden die internen Abwehrmechanismen deaktiviert. In dieser Situation muss berücksichtigt werden, dass der Klient seine Abwehrstrategien aufgibt, die ihn vor emotionalen Verletzungen schützen. Der Sozialarbeiter muss sich dieser Kettenreaktion bewusst sein und dementsprechend in der Lage sein, feinfühlig darauf reagieren zu können. Weiterhin muss der Sozialarbeiter darauf vorbereitet sein, dass der Klient durch die erhöhte Oxytocinausschüttung einen erleichterten Zugang zu einer eventuell vorliegenden traumatischen Erinnerung hat.

Für eine gelingende tiergestützte Pädagogik muss nicht nur der Hund, sondern ebenso der Sozialarbeiter geeignet sein. Hund wie auch Sozialarbeiter benötigen eine fundierte Ausbildung, um alle möglichen entstehenden Risiken auf ein Minimum zu reduzieren (vgl. Julius et. al. 2014, S. 193 - 194). „Das Tier mag zwar mögliche Fehler des unzureichend ausgebildeten Praktikers abpuffern. Es könnte aber auch die negativen Effekte inkompetenter Handlungen potenzieren" (Julius et. al. 2014, S. 194).

7 Fazit

Resilienz ist nicht als ein von Natur aus angeborenes Merkmal zu betrachten. Sie ist an zwei Voraussetzungen geknüpft. Es müssen widrige Lebensumstände vorhanden sein und diese müssen in einem gesunden Maß überwunden werden, damit von Resilienz gesprochen werden kann. In ihrer Entstehung ist Resilienz als ein langjähriger Entwicklungsprozess zu betrachten. Dieser Entwicklungsprozess wird durch zahlreiche Determinanten beeinflusst. In der Persönlichkeitsentwicklung eines Kindes spielen der Kontext seiner Sozialisation und die Bewältigung der altersentsprechenden Entwicklungsaufgaben eine maßgebliche Rolle. Je positiver die Lebensphasen und ihre entsprechenden Entwicklungsaufgaben abgeschlossen werden und somit die Persönlichkeitsentwicklung eines Kindes positiv beeinflussen, desto eher bilden sie die Basis für die Entwicklung von Resilienz. In diesem Sinne gelten sie als ein enormer Schutzfaktor im Leben eines Kindes. Die interdisziplinären Zugänge zur Resilienz zeigen deutlich auf, wie wichtig eine subjektive Zuschreibung den negativen Lebenseinflüssen zukommt und wie elementar die persönlichen Bewältigungsstrategien sind, um mit widrigen Lebensumständen besser umgehen zu können.

Aufgrund der Tatsache, dass der Mensch von Urzeiten an eine Liebe zu der ihn umgebenden Natur empfindet und sich mit anderen Lebewesen verbinden möchte, schafft er die Voraussetzung, um eine tiefe soziale Bindung zu einem Hund eingehen zu wollen. Der Mensch macht sich den Hund zu einem Sozialpartner mit menschlichen Eigenschaften. Die in der Bindungstheorie dargelegten Bedürfnisse treffen auf den Menschen - wie auch auf den Hund - zu. Aufgrund dieser sozialen Basis kann ein Hund für ein Kind eine Bindungsfigur darstellen. Durch seine besonderen, dem Menschen oft ähnlichen, Eigenschaften eignet sich der Hund sehr gut für die tiergestützte Pädagogik. Der Hund ist in der Lage, auf eine andere Art und Weise, anders als ein Sozialarbeiter, einen Zugang zu einem Kind zu finden. Dennoch gibt es Grenzen, an die die tiergestützte Pädagogik in der Sozialen Arbeit trifft.

Der Schutzauftrag der Minderjährige ist das primäre Ziel der Kinder- und Jugendhilfe. Sie bedient sich diverser Instrumente, um diesen Schutzauftrag durchsetzen zu können. Mit der Hilfe zur Erziehung sollen Personensorgeberechtigte eine Unterstützung bei einer defizitären Kindererziehung erhalten. Im gravierendsten Fall ist die Kinder- und Jugendhilfe per Gesetz dazu berechtigt, ein Kind oder einen Jugendlichen von seiner Familie zu trennen.

Fazit

Die in Kapitel fünf aufgestellte und verifizierte Hypothese, dass ein Kind durch eine Inobhutnahme oder eine Heimerziehung von einer negativen Bindungserfahrung betroffen sein kann, ist für die Beantwortung der in der Einleitung formulierten Fragestellung heranzuziehen. Diese negative Bindungserfahrung muss in eine positive Bindungserfahrung transformiert werden, wenn die Persönlichkeitsentwicklung des Kindes einen positiven Verlauf nehmen soll. Dazu benötigt ein Kind eine verlässliche Bindungsfigur. In Kapitel drei wird die Hypothese verifiziert, dass ein Hund diese Rolle übernehmen kann. Entsteht zwischen dem Kind und dem Hund eine „enge" Bindung, kann das Kind aufgrund dieser sicheren Basis seine Umwelt weiter ohne Angst erkunden. Dieser Umstand bildet einen wichtigen Schutzfaktor, mit dem ein Kind seine resiliente Entwicklung fördern kann. Zusammenfassend kann die eingangs formulierte Fragestellung dahingehend beantwortet werden, dass die tiergestützte Pädagogik einem Kind dabei helfen kann, seine Resilienz aufzubauen, wenn es im Vorfeld von einer negativen Bindungserfahrung betroffen ist.

Aufgrund der Tatsache, dass das Forschungsgebiet der tiergestützten Pädagogik recht jung ist, lässt es noch einige Defizite erkennen. Es gibt nach wie vor keine ausreichenden Handlungskonzepte, die als Leitfaden für die pädagogische Arbeit mit Hunden dienen. Auch fehlen exakte ethische und tierschutzrechtliche Vorgaben, um den Hund bei der Arbeit zu schützen. In Deutschland wird lediglich der Paragraph 11 des Tierschutzgesetzes als Basis herangezogen. Dieser Paragraph regelt den generellen Einsatz von Tieren in der pädagogischen Arbeit. Weiterhin herrscht kein wissenschaftlicher Konsens über eine genaue Ausbildung eines Therapiehundes. Ein weiterer Mangel besteht darin, dass keine Richtlinien existieren, wer tiergestützte Pädagogik durchführen darf und unter welchen Voraussetzungen dies geschehen muss. Die vielen konkurrierenden Verbände in der tiergestützten Pädagogik hinterlassen den Eindruck, dass jeder „sein eigenes Ding macht" und keine einheitlichen Handlungsprinzipien angestrebt werden. Neben diesen Argumenten ist die Angst vor einer mangelnden Hygiene eine weitere Hürde, die die tiergestützte Pädagogik überwinden muss.

Dennoch haben die zahlreichen Forschungen der letzten Jahre bewiesen, dass der Kontakt mit Hunden, oder die alleinige Anwesenheit eines Hundes, einen großen positiven Effekt für die Gesundheit des Menschen mit sich bringt. Es werden stress- und angstreduzierende Reaktionen beim Menschen beobachtet. Weiterhin fördert die Anwesenheit eines Hundes den Abbau von depressiven Stimmungen und erhöht gleichzeitig die soziale Interaktion des Menschen. Mit diesem einheitlichen

Ergebnis liefert die Wissenschaft ein Fundament, auf dem die tiergestützte Pädagogik aufbauen und erweitert werden kann.

Nicht nur die Kinder- und Jugendhilfe profitiert von der tiergestützten Pädagogik. Die in dieser Bachelorarbeit herausgearbeiteten Ergebnisse können ebenso auf andere soziale Einrichtungen übertragen werden, z. B. auf ein Alten- und Pflegeheim. Die demografische Entwicklung in Deutschland läuft auf eine immer älter werdende Gesellschaft hinaus, die - zum Teil - irgendwann in Alten- und Pflegeheimen versorgt werden muss. Ähnlich wie bei den Kindern in Heimen sind auch ältere Menschen in einem Pflegeheim oft sozial isoliert. An dieser Stelle kann ein Hund als Sozialpartner dienen.

Auch kann das Konzept der tiergestützten Pädagogik auf schulische Einrichtungen übertragen werden. In Schulen kann die Anwesenheit eines Hundes für eine stressfreie und lernbegünstigende Umgebung sorgen.

Meines Erachtens soll der tiergestützten Pädagogik ein größerer Stellenwert in unserer Gesellschaft eingeräumt werden. Es ist wissenschaftlich bewiesen, dass mit der Anwesenheit eines Hundes oder generell von Tieren ein positiver Effekt für die Gesundheit des Menschen einhergeht. Es ist wünschenswert, dass der Mensch seine Angst vor der Andersartigkeit des Hundes - und generell von anderen Lebewesen - ablegt und stattdessen erkennt, welchen großartigen Nutzen Mensch und Tier von dieser Art der Zusammenarbeit haben können.

Literaturverzeichnis

American Veterinary Medical Association (o. J.): The Human - Animal Interaction and Human - Animal Bond. Online verfügbar unter https://www.avma.org/policies/human-animal-interaction-and-human-animal-bond. Zuletzt zugegriffen am 12.03.2020.

Antonovsky, A. (1997): Salutogenese. Zur Entmystifizierung der Gesundheit. Hg. v. Franke, A. Tübingen: dgvt Verlag (Forum für Verhaltenstherapie und psychosoziale Praxis, Band 36).

Bowlby, J. (2014): Bindung als sichere Basis. Grundlagen und Anwendung der Bindungstheorie. Unter Mitarbeit von Hillig, A./ Hanf,H./ Stahl, B./ Stahl, O./ Holmes, J. 3. Auflage. München, Basel: Ernst Reinhardt Verlag.

Bringewat, P. (2016): Paragraph 8a Schutzauftrag bei Kindeswohlgefährdung. In: Kunkel, P./ Kepert, J./ Pattar, A./ Berneiser, C. (Hg.) (2016): Sozialgesetzbuch VIII. Kinder- und Jugendhilfe : Lehr- und Praxiskommentar. 6. Auflage. Baden-Baden: Nomos (NomosKommentar). S. 133-191.

Brooks, R. (2005): The power of parenting. In: Goldstein, S./ Brooks, R. (Hg.) (2013): Handbook of Resilience in Children. 2nd ed. 2013. Boston, MA: Springer.

Bundesamt für Justiz (o. J.) (a): Paragraph 1666 BGB Gerichtliche Maßnahmen bei Gefährdung des Kindeswohls. Online verfügbar unter https://www.gesetze-im-internet.de/bgb/__1666.html. Zuletzt zugegriffen am 12.03.2020.

Bundesamt für Justiz (o. J.) (b): Paragraph 1666a BGB Grundsatz der Verhältnismäßigkeit; Vorrang öffentlicher Hilfen. Online verfügbar unter https://www.gesetze-im-internet.de/bgb/__1666a.html. Zuletzt zugegriffen am 12.03.2020.

Bundesamt für Justiz (o. J.) (c): Grundgesetz für die BRD Art. 6. Online verfügbar unter https://www.gesetze-im-internet.de/gg/art_6.html. Zuletzt zugegriffen am 12.03.2020.

children`s trust (o. J.): Quote Douglass, F. Online verfügbar unter https://www.childrenstrustma.org/about-us/news/it-is-easier-to-build-strong-children. Zuletzt zugegriffen am 12.03.2020.

Esser, G./ Schmidt, M./ Laucht, M. (2000): Mannheimer Risikokinderstudie. In: Zeitschrift für Klinische Psychologie und Psychotherapie (2000), 29. Online verfügbar unter https://printkr.hs-niederrhein.de:2336/doi/full/10.1026//0084-5345.29.4.246. Zuletzt zugegriffen am 12.03.2020.

Fine, A./ Weaver, S. (2010): The human-animal bond and animal-assisted intervention. In: van den Bosch, M./ Bird, W. (2018): Oxford textbook of nature and public health. The role of nature in improving the health of a population. First edition. S. 132-137.

Fischer, L. (2017): Paragraph 27 Hilfe zur Erziehung. In: Schellhorn, W./ Ivanits, N. (2017): SGB VIII. Kinder- und Jugendhilfe : Kommentar. 5. Auflage. Fischer, L./ Mann, H./ Schellhorn, H./ Kern, C. (Hg.). Köln: Luchterhand Verlag. S. 233-284.

Grawe, K. (2004): Neuropsychotherapie. Göttingen: Hogrefe. Online verfügbar unter http://elibrary.hogrefe.de/9783840918049/1.

Greiffenhagen, S./ Buck-Werner, O. (2015): Tiere als Therapie. Neue Wege in Erziehung und Heilung. 5. Auflage. Nerdlen: Kynos Verlag (Das besondere Hundebuch).

Holmes, J./ Wimmer, A. (2006): John Bowlby und die Bindungstheorie. 2. Aufl. München: Reinhardt.

Hurrelmann, K. (2010): Gesundheitssoziologie. Eine Einführung in sozialwissenschaftliche Theorien von Krankheitsprävention und Gesundheitsförderung. 7. Aufl. Weinheim: Juventa-Verl. (Grundlagentexte Soziologie).

Hurrelmann, K./ Bauer, U. (2018): Einführung in die Sozialisationstheorie. Das Modell der produktiven Realitätsverarbeitung. 12. Auflage. Weinheim, Basel: Beltz (Pädagogik).

Hurrelmann, K./ Quenzel, G. (2013): Lebensphase Jugend. Eine Einführung in die sozialwissenschaftliche Jugendforschung. 12., korrigierte Auflage. Weinheim, München: Beltz Juventa (Grundlagentexte Soziologie).

Jansen, F./ Streit, U. (2015): Fähig zum Körperkontakt. Körperkontakt und Körperkontaktstörungen - Grundlagen und Therapie - Babys, Kinder & Erwachsene - IntraActPlus-Konzept. Berlin: Springer.

Jordan, E./ Münder, J. (2005): Kinder- und Jugendhilfe. Einführung in Geschichte und Handlungsfelder, Organisationsformen und gesellschaftliche Problemlagen. 2., überarb. und erg. Aufl. der Neuausg. Weinheim: Juventa-Verl. (Grundlagentexte Pädagogik).

Julius, H./ Beetz, A./ Kotrschal, K./ Turner, D./ Uvnäs-Moberg, K. (2014): Bindung zu Tieren. Psychologische und neurobiologische Grundlagen tiergestützter Interventionen. Göttingen: Hogrefe.

Kepert, J. (2016): Paragraph 42 Inobhutnahme von Kindern und Jugendlichen. In: Kunkel, P./ Kepert, J./ Pattar, A./ Berneiser, C. (Hg.) (2016): Sozialgesetzbuch VIII. Kinder- und Jugendhilfe : Lehr- und Praxiskommentar. 6. Auflage. Baden-Baden: Nomos (NomosKommentar). S. 519-580.

Kunkel, P./ Kepert, J. (2016a): Erstes Kapitel - Allgemeine Vorschriften. In: Kunkel, P./ Kepert, J./ Pattar, A./ Berneiser, C. (Hg.) (2016): Sozialgesetzbuch VIII. Kinder- und Jugendhilfe : Lehr- und Praxiskommentar. 6. Auflage. Baden-Baden: Nomos (NomosKommentar). S. 43-61.

Kunkel, P./ Kepert, J. (2016b): Paragraph 27 Hilfe zur Erziehung. In: Kunkel, P./ Kepert, J./ Pattar, A./ Berneiser, C. (Hg.) (2016): Sozialgesetzbuch VIII. Kinder- und Jugendhilfe : Lehr- und Praxiskommentar. 6. Auflage. Baden-Baden: Nomos (NomosKommentar). S. 333-349.

Laucht, M. (1999): Risiko- vs. Schutzfaktor? Kritische Anmerkung zu einer problematischen Dichotomie. In: Opp, G./ Fingerle, M./ Bender, D. (Hg.) (2008): Was Kinder stärkt. Erziehung zwischen Risiko und Resilienz. Kongress. 3. Aufl. München: Reinhardt.

Lorenz, K./ Leyhausen, P. (1973): Antriebe tierischen und menschlichen Verhaltens. Gesammelte Abhandlungen. 4. Aufl., 32. - 35. Tsd. München: Piper (Piper Paperback).

Mann, H. (2017a): Paragraph 8a Schutzauftrag bei Kindeswohlgefährdung. In: Schellhorn, W./ Ivanits, N. (2017): SGB VIII. Kinder- und Jugendhilfe : Kommentar. 5. Auflage. Fischer, L./ Mann, H./ Schellhorn, H. und Kern, C. (Hg.). Köln: Luchterhand Verlag. S. 83-112.

Mann, H. (2017b): Paragraph 42 Inobhutnahme von Kindern und Jugendlichen. In: Schellhorn, W./ Ivanits, N. (2017): SGB VIII. Kinder- und Jugendhilfe : Kommentar. 5. Auflage. Fischer, L./ Mann, H./ Schellhorn, H. und Kern, C. (Hg.). Köln: Luchterhand Verlag. S. 370-392.

Noam, G./ Kia, M./ Abderhalden, I. (o. J.): A different kind of normative pathway-the development of resilience. In: Silbereisen, Rainer K. (2001): Psychologie 2000. Bericht über den 42. Kongress der Deutschen Gesellschaft für Psychologie in Jena 2000. Lengerich: Pabst Science Publ. S. 207-219.

Nonninger, S. (2016): Paragraph 34 Heimerziehung, sonstige betreute Wohnform. In: Kunkel, P./ Kepert, J./ Pattar, A./ Berneiser, C. (Hg.) (2016): Sozialgesetzbuch VIII. Kinder- und Jugendhilfe : Lehr- und Praxiskommentar. 6. Auflage. Baden-Baden: Nomos (NomosKommentar). S. 382-392.

Olbrich, E./ Otterstedt, C. (2003): Menschen brauchen Tiere. Grundlagen und Praxis der tiergestützten Pädagogik und Therapie. Stuttgart: Kosmos.

Otterstedt, C. (2001): Tiere als therapeutische Begleiter. Gesundheit und Lebensfreude durch Tiere - eine praktische Anleitung. Stuttgart: Kosmos.

psylex (o. J.): Anthropomorphisierung. Online verfügbar unter https://psylex.de/psychologie-lexikon/sozialpsychologie/anthropomorphismus.html. Zuletzt zugegriffen am 12.03.2020.

Röchling, W./ Schäfer, P. (2018): Jugend-, Familien- und Betreuungsrecht für die Soziale Arbeit. 2., erweiterte und überarbeitete Auflage. Stuttgart: Verlag W. Kohlhammer (Grundwissen Soziale Arbeit, Band 9).

Rönnau-Böse, M./ Fröhlich-Gildhoff, K. (2015): Resilienz und Resilienzförderung über die Lebensspanne. 1. Auflage. Stuttgart: Verlag W. Kohlhammer.

Schubert-Rakowski, J. (2014): Resilienz. Ein Entwicklungspotential für Kinder. Hamburg: Disserta-Verl.

statistisches Bundesamt (o. J.): Inobhutnahmen 2017. Online verfügbar unter https://www.destatis.de/DE/Presse/Pressemitteilungen/2018/08/PD18_311_225.html. Zuletzt zugegriffen am 12.03.2020.

Welter-Enderlin, R./ Hildenbrand, B. (2016): Resilienz - Gedeihen trotz widriger Umstände. Internationaler Kongress "Resilienz - Gedeihen trotz widriger Umstände". 5. Auflage, 2016. Heidelberg: Carl-Auer-Systeme-Verlag (Paar- und Familientherapie).

Weltgesundheitsorganisation (o. J.) : Definition Gesundheit. Online verfügbar unter https://www.who.int/about/who-we-are/constitution. Zuletzt zugegriffen am 12.03.2020.

Werner, E. (2001): The children of Kauai: pathways from birth to midlife. In: Silbereisen, R. 2001: Psychologie 2000. Bericht über den 42. Kongress der Deutschen Gesellschaft für Psychologie in Jena 2000. Lengerich: Pabst Science Publ. S. 184-194.

Werner, E. (2011): Risiko und Resilienz im Leben von Kindern aus multiethnischen Familien. In: Zander, Margherita (Hg.) (2011): Handbuch Resilienzförderung. 1. Aufl. Wiesbaden: VS Verl. für Sozialwiss.

Werner, E./ Smith, R. (1977): Kauai's children come of age. Honolulu: University Press of Hawaii.

Wilson, E. (1984): Biophilia. Cambridge, Mass: Harvard University Press.

Wohlfarth, R./ Mutschler, B. (2016): Praxis der hundegestützten Therapie. Grundlagen und Anwendung. 1. Auflage. München, Basel: Ernst Reinhardt Verlag (Mensch & Tier).

Wustmann, C. (2018): Resilienz. Widerstandsfähigkeit von Kindern in Tageseinrichtungen fördern : Beiträge zur Bildungsqualität. 7. Auflage. Hg. v. Wassilios E. Fthenakis. Berlin: Cornelsen.

Zolli, A./ Healy, A. (2012): Resilience. Why things bounce back. 1st Free Press hardcover ed. New York, NY: Free Press.